Build It!

Make Supercool Models with Your Favorite LEGO® Parts

TRAINS

Jennifer Kemmeter

G
GRAPHIC ARTS
BOOKS®

Contents

Passenger Train

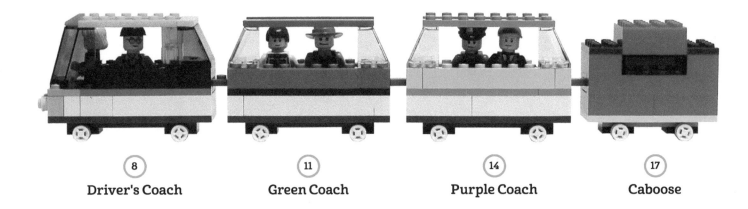

Bullet Train

Freight Train

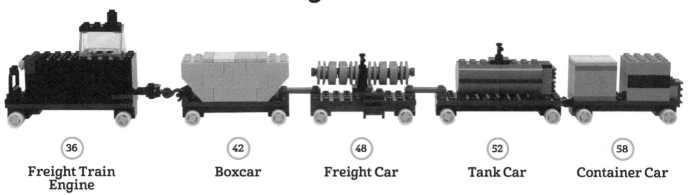

(36) **Freight Train Engine**

(42) **Boxcar**

(48) **Freight Car**

(52) **Tank Car**

(58) **Container Car**

Autorack Train

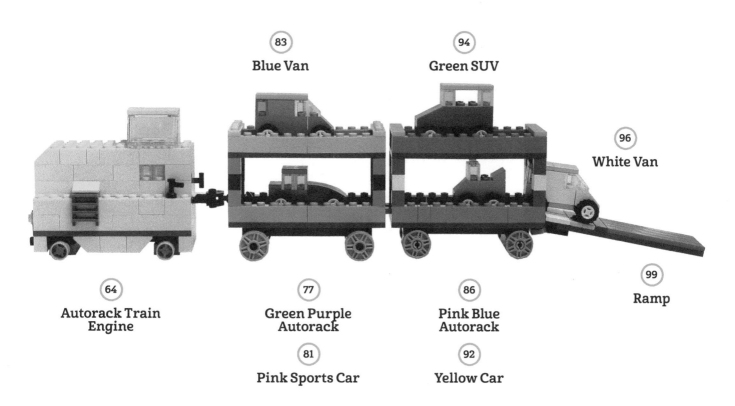

(83) **Blue Van**

(94) **Green SUV**

(96) **White Van**

(64) **Autorack Train Engine**

(77) **Green Purple Autorack**

(86) **Pink Blue Autorack**

(99) **Ramp**

(81) **Pink Sports Car**

(92) **Yellow Car**

How to Use This Book

What you will be building.

Build the Bullet Train Car 1

A photo of what your finished Train Car will look like.

An illustration of the finished Train Car that looks like the pictures in the steps.

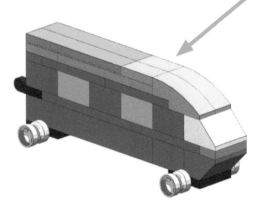

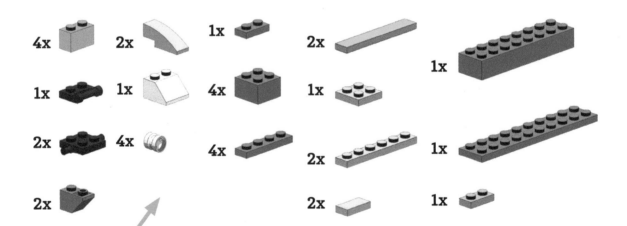

All the pieces you will need to build the model are listed at the beginning of each of the instructions.

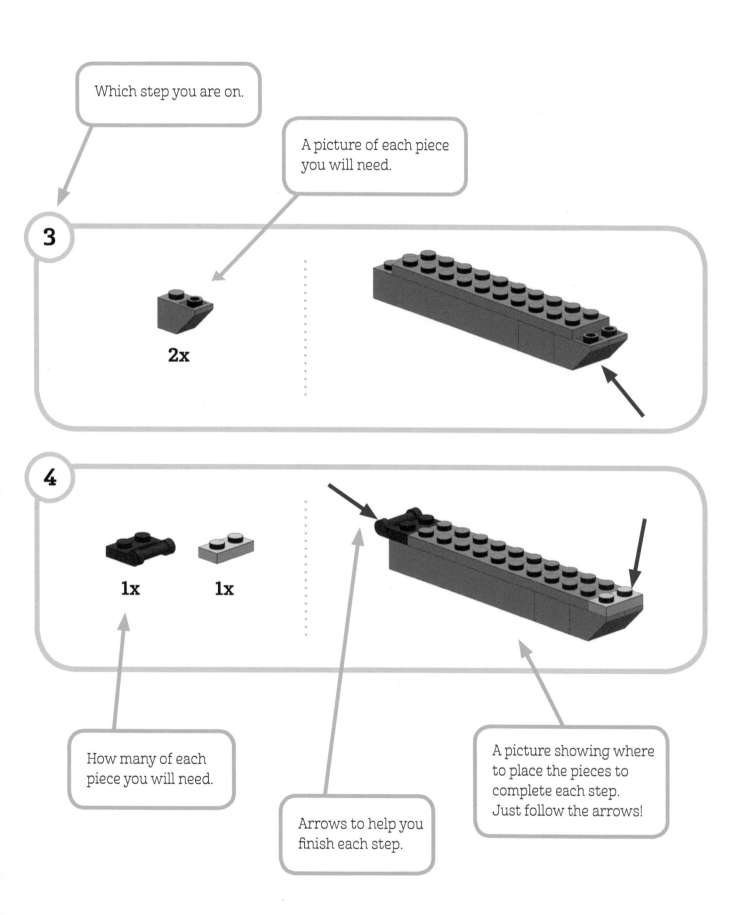

Which step you are on.

A picture of each piece you will need.

3

2x

4

1x   **1x**

How many of each piece you will need.

Arrows to help you finish each step.

A picture showing where to place the pieces to complete each step. Just follow the arrows!

Passenger Train

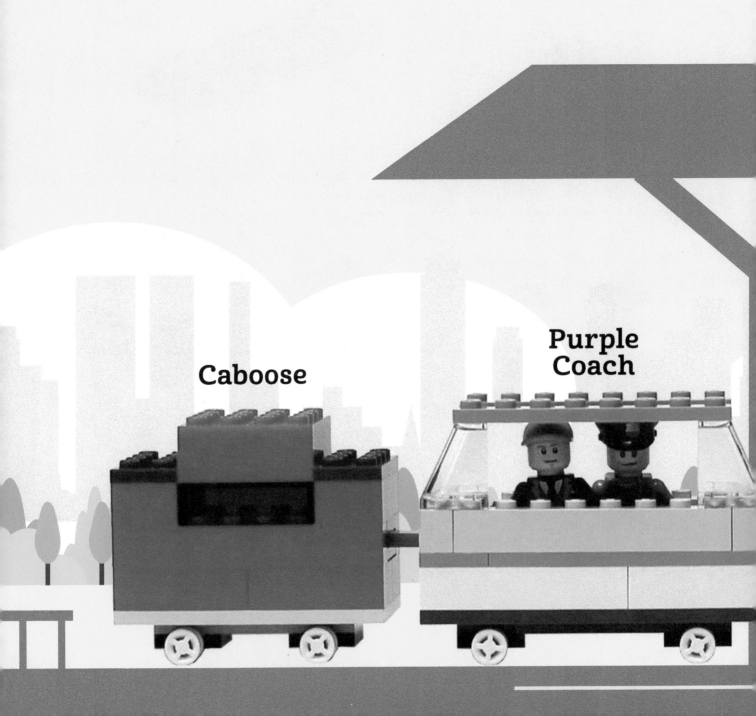

Caboose

Purple
Coach

Green
Coach

Driver's
Coach

Build the Driver's Coach

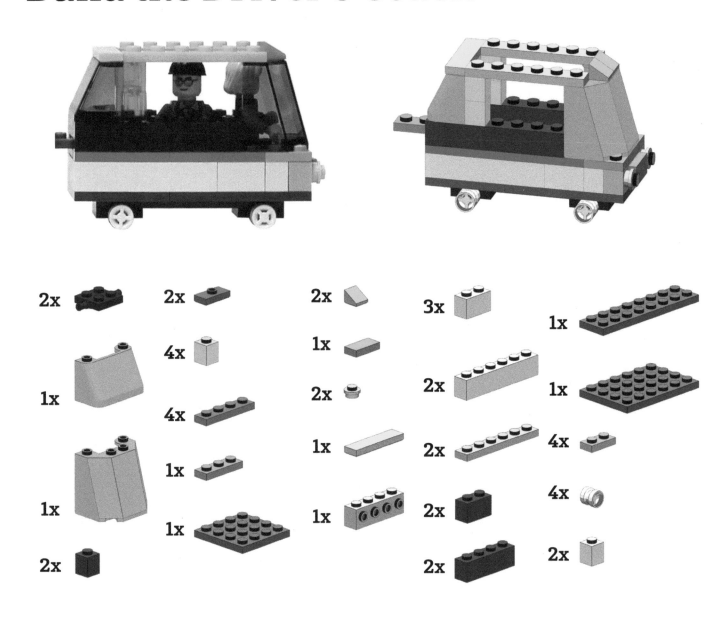

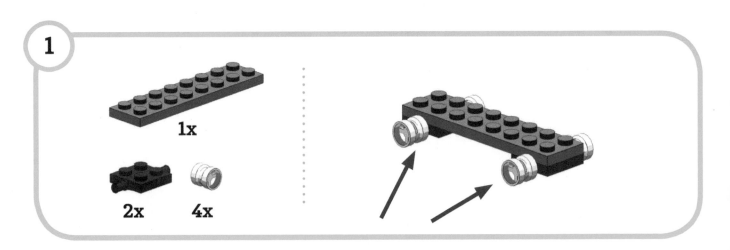

2

6x4 plate 1x

4x4 plate 1x

3

1x6 brick 2x   1x4 brick with holes 1x

1x2 brick 3x   1x1 brick 2x

4

1x4 plate 4x   1x2 plate 3x   1x1 plate 1x

5

1x4 brick 2x   1x2 brick 2x   1x1 brick 2x

6

1x 1x 1x

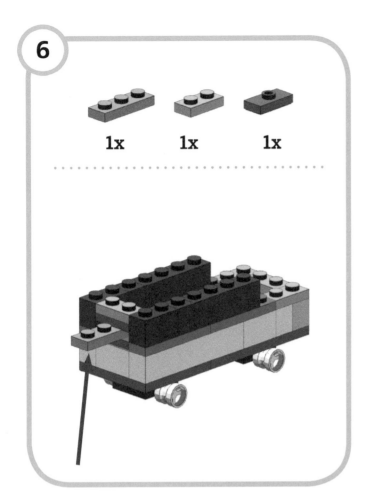

7

1x 1x 4x

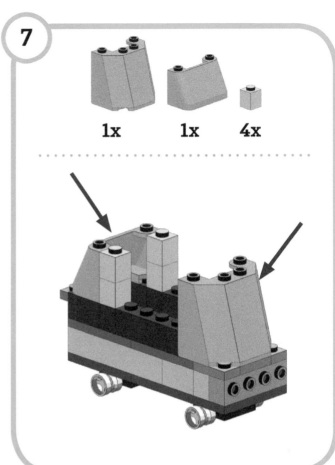

8

2x 1x 2x

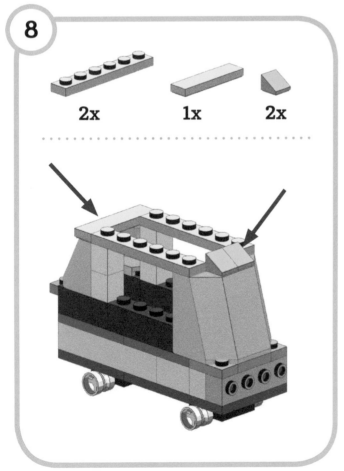

9

1x 2x

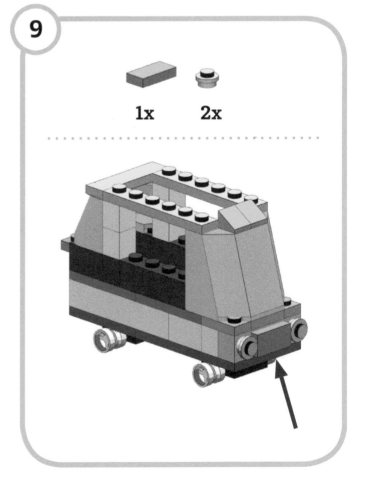

Build the Green Coach

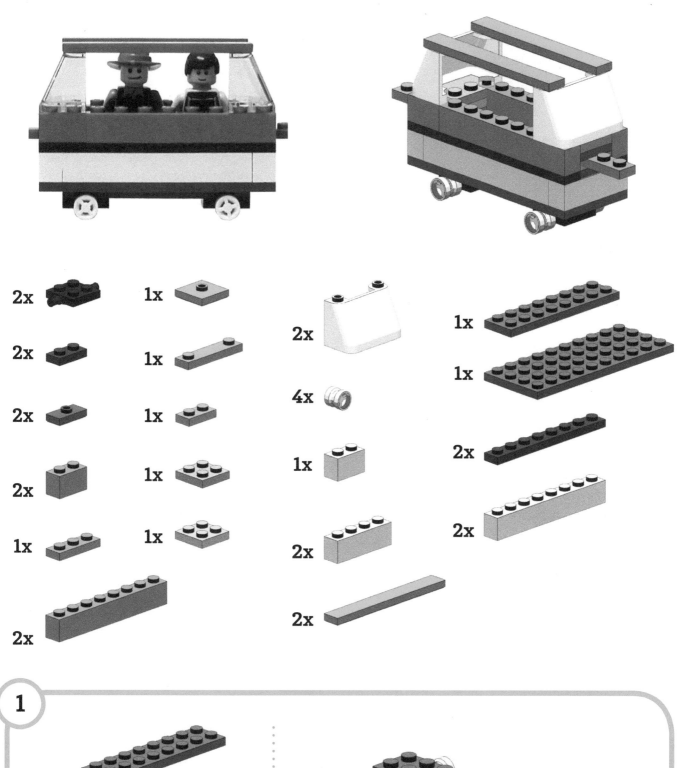

2x
1x
2x
1x
2x
1x
2x
1x
1x
2x
1x

2x
4x
1x
2x
2x

1x
1x
2x
2x

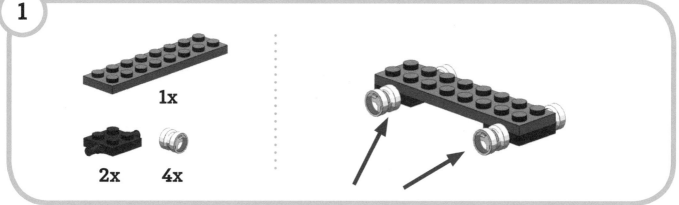

1

1x

2x   4x

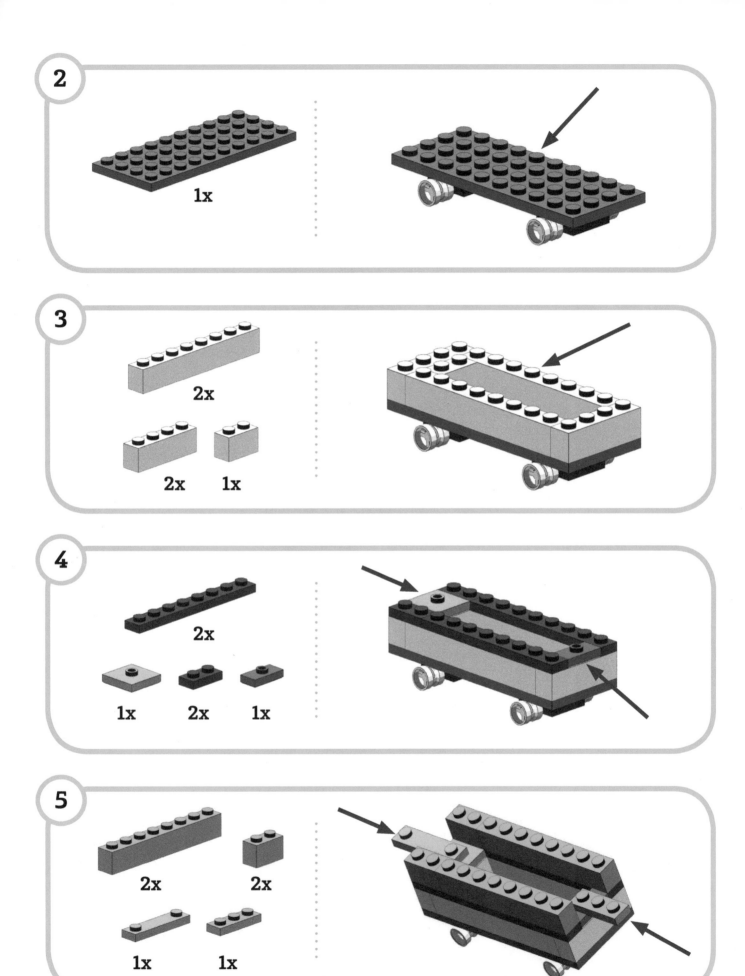

2

1x

3

2x

2x   1x

4

2x

1x   2x   1x

5

2x   2x

1x   1x

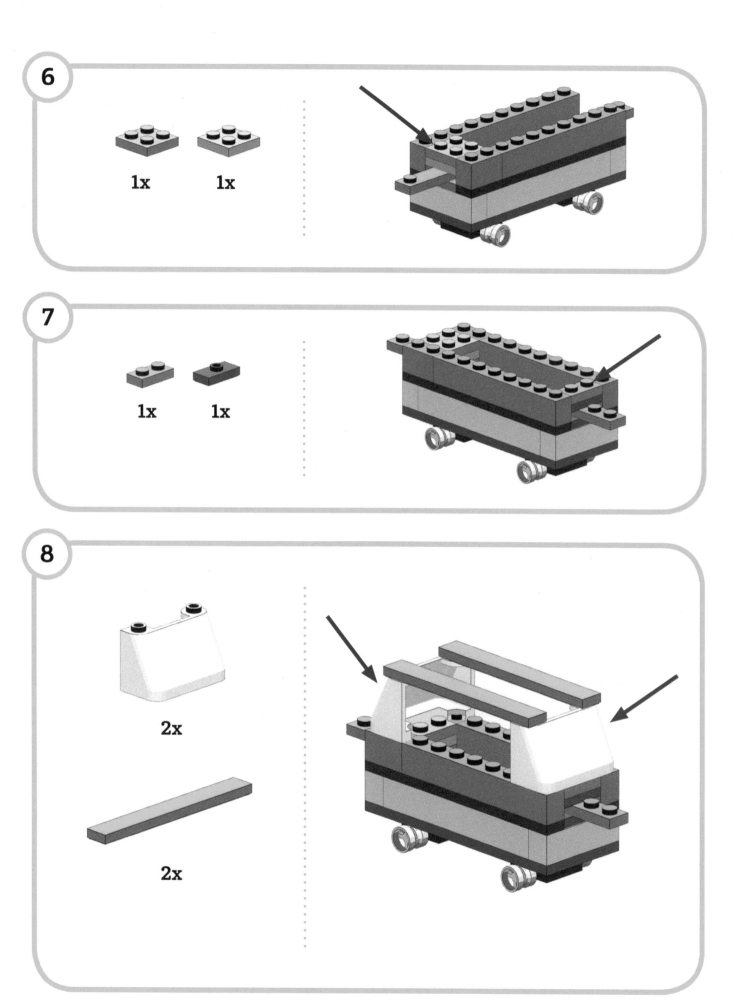

Build the Purple Coach

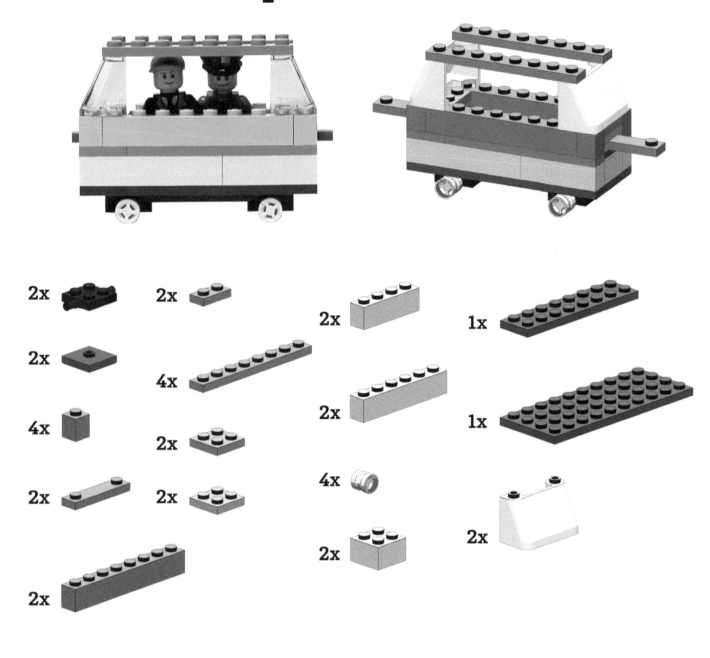

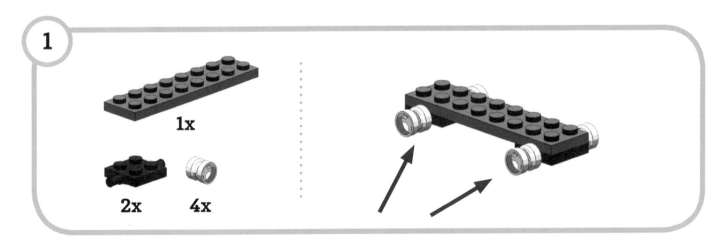

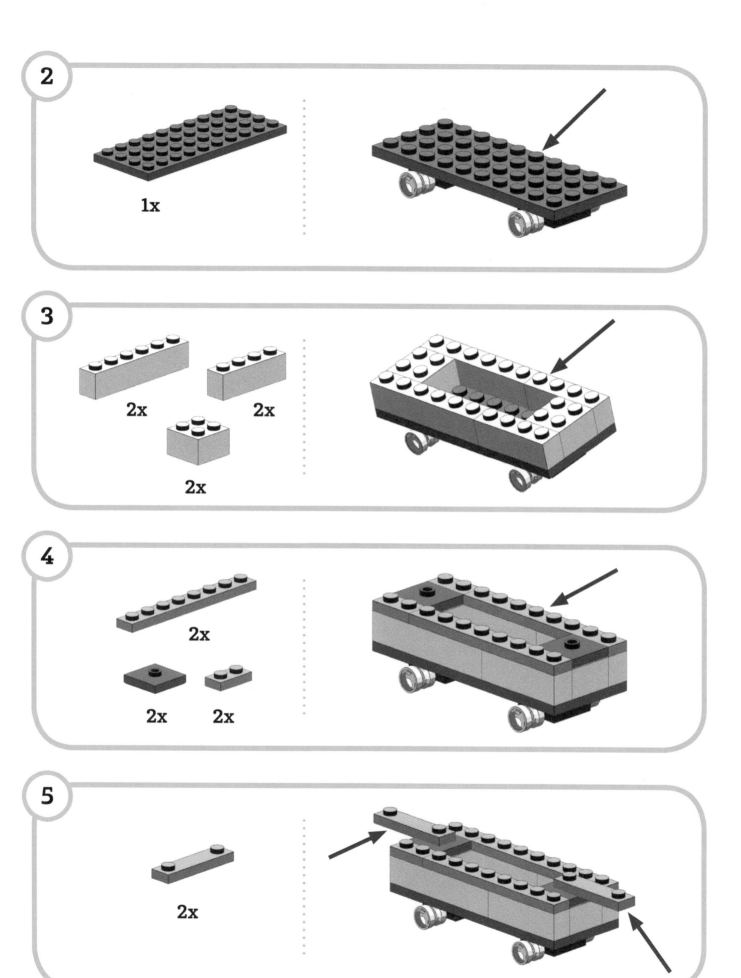

6

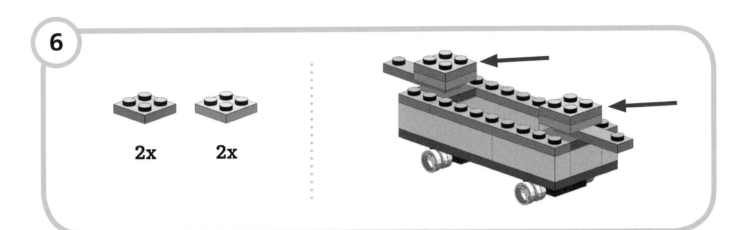

2x   2x

7

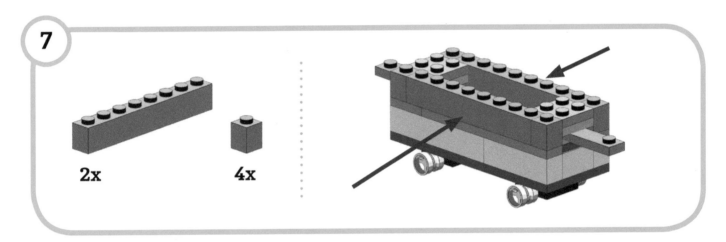

2x   4x

8

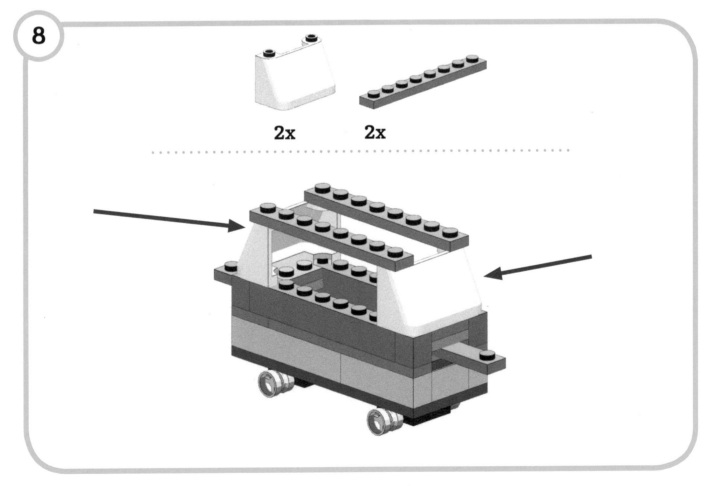

2x   2x

Build the Caboose

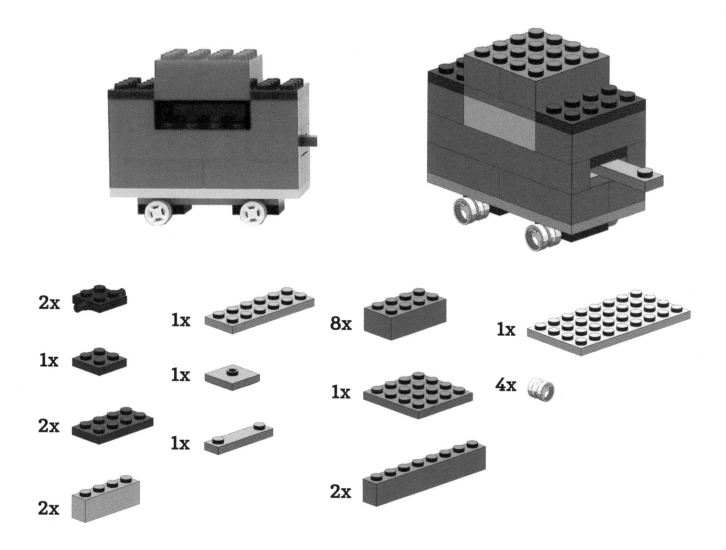

2x

1x

2x

2x

1x

1x

1x

8x

1x

1x

1x

4x

2x

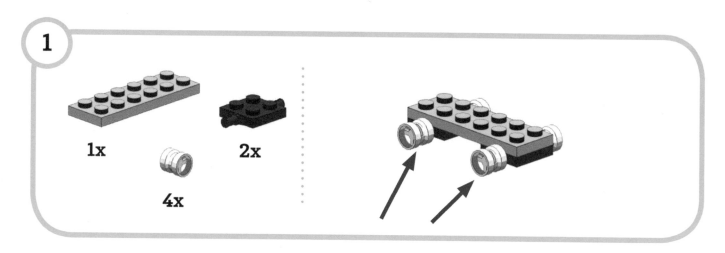

1

1x

4x

2x

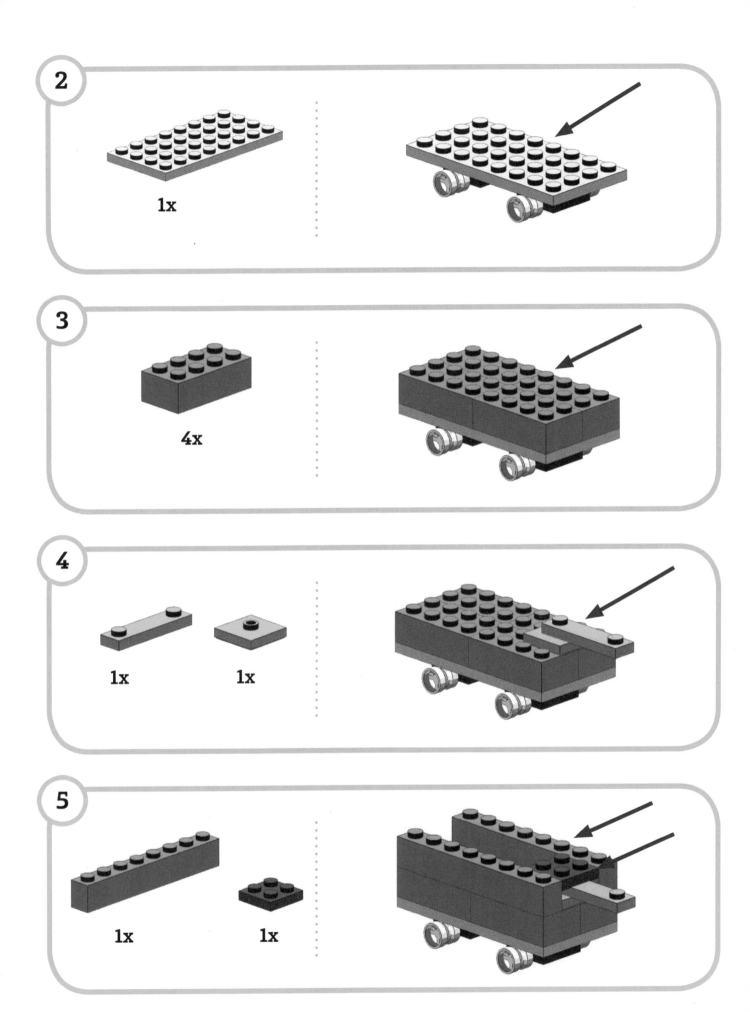

6

2x   **2x**

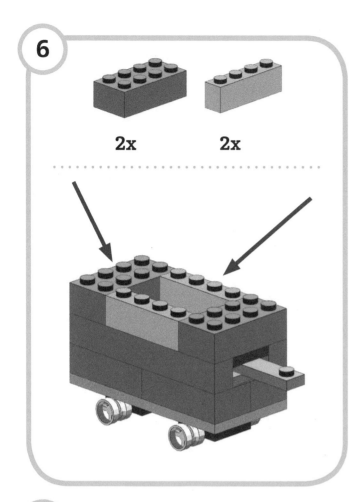

7

1x   **2x**

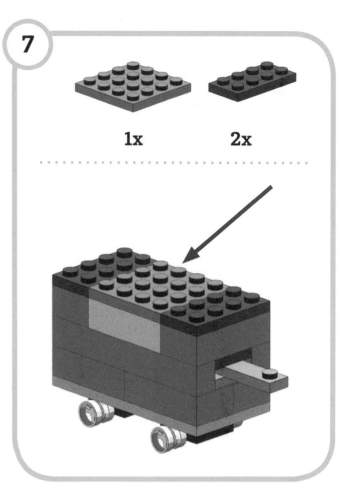

8

2x

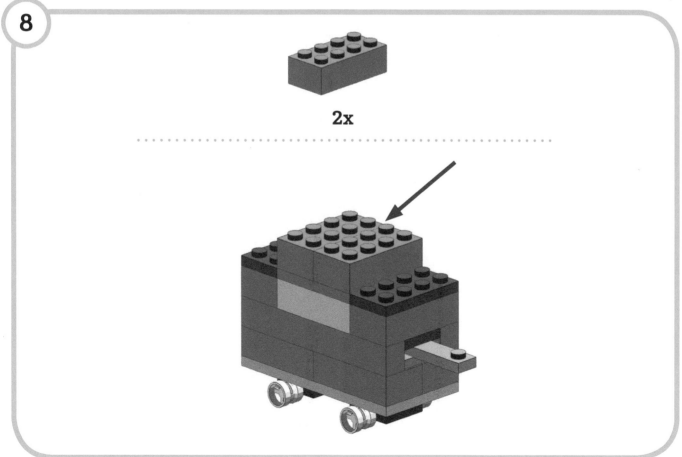

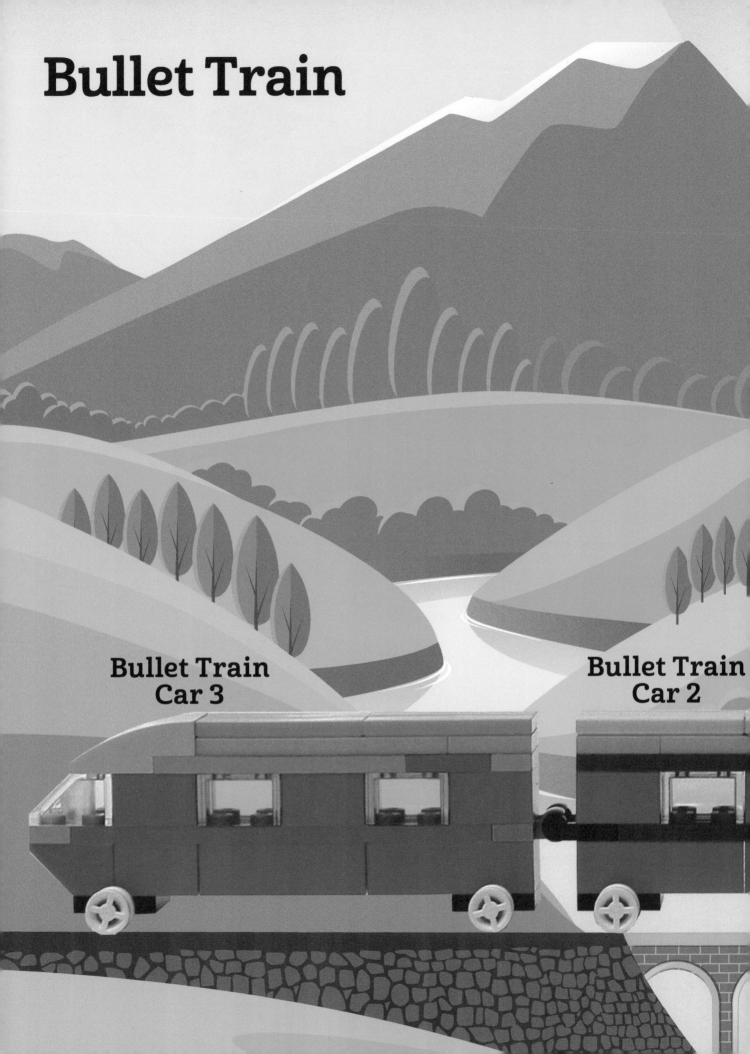

Bullet Train

**Bullet Train
Car 3**

**Bullet Train
Car 2**

Bullet Train
Car 1

Build the Bullet Train Car 1

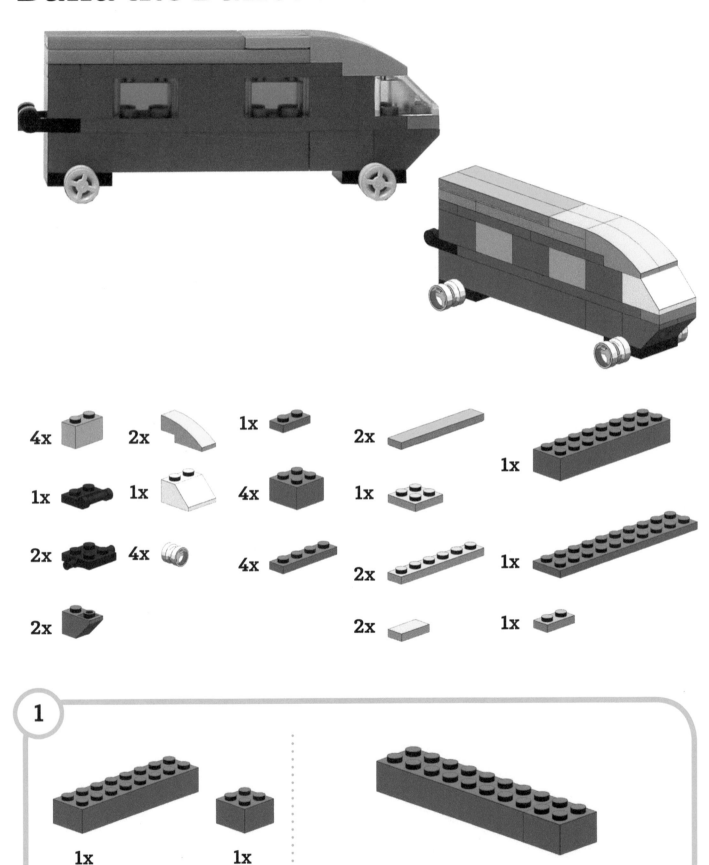

4x

2x

1x

2x

1x

1x

1x

4x

1x

1x

2x

4x

4x

2x

1x

2x

2x

2x

1x

1

1x   1x

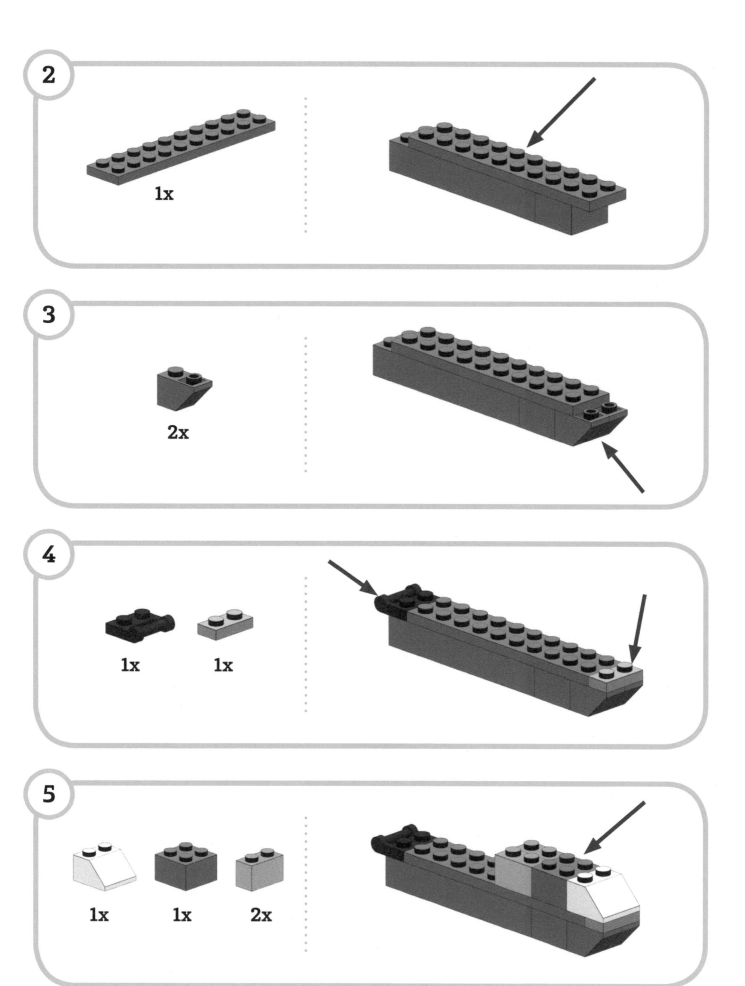

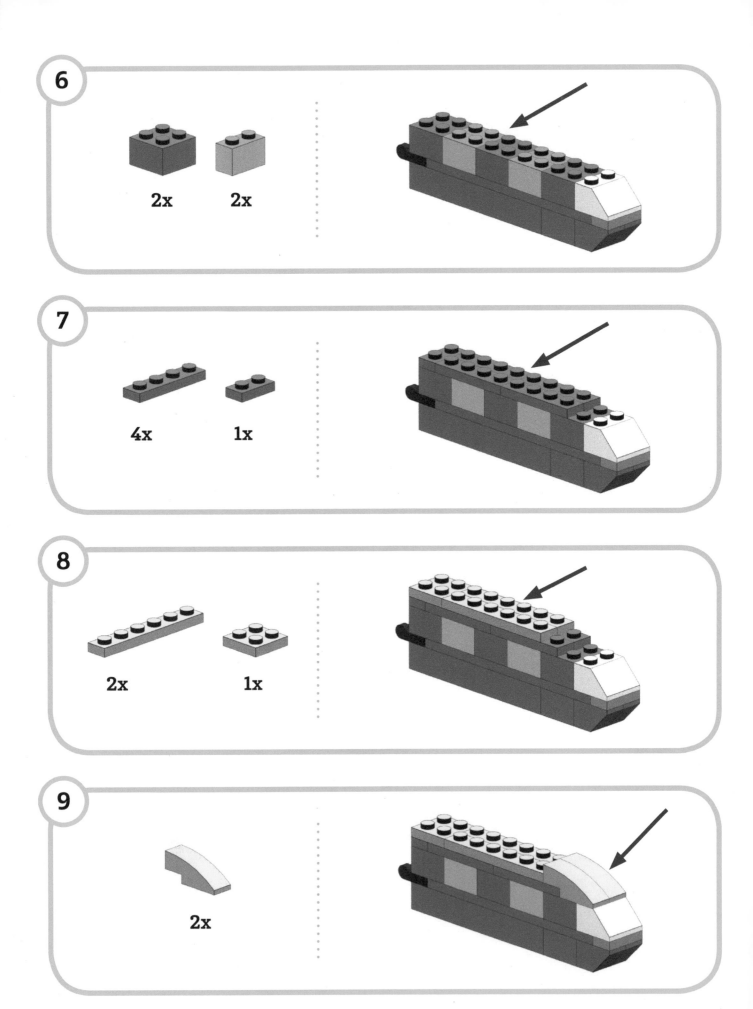

10

2x   **2x**

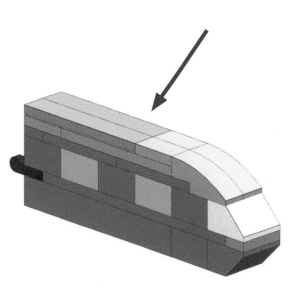

11

2x   **4x**

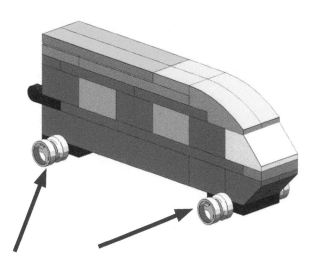

Build the Bullet Train Car 2

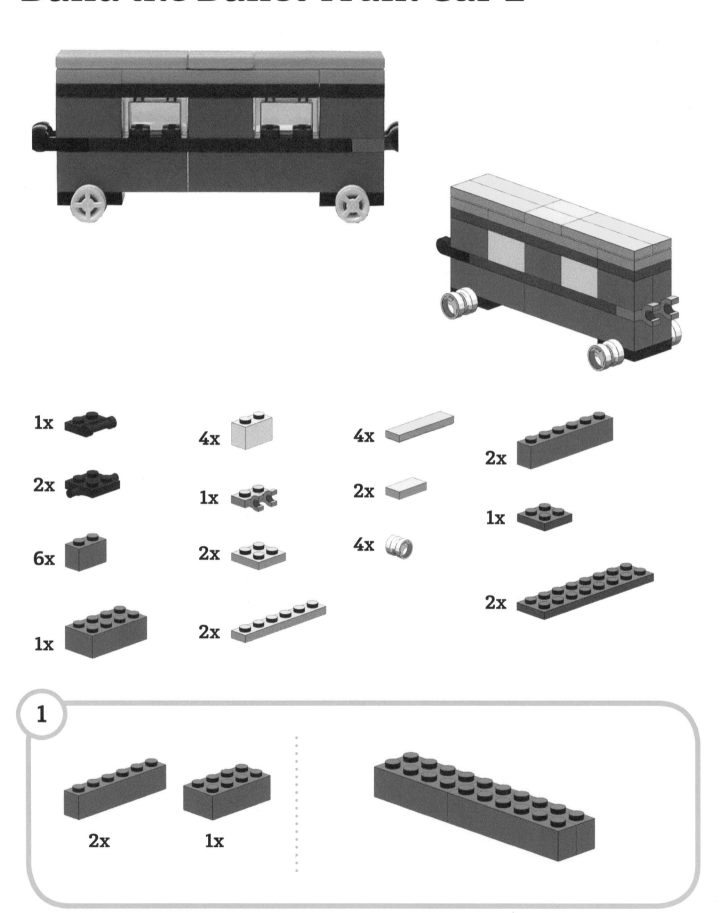

1x

2x

6x

1x

4x

1x

2x

2x

4x

2x

4x

2x

4x

1x

2x

2x

1

2x   1x

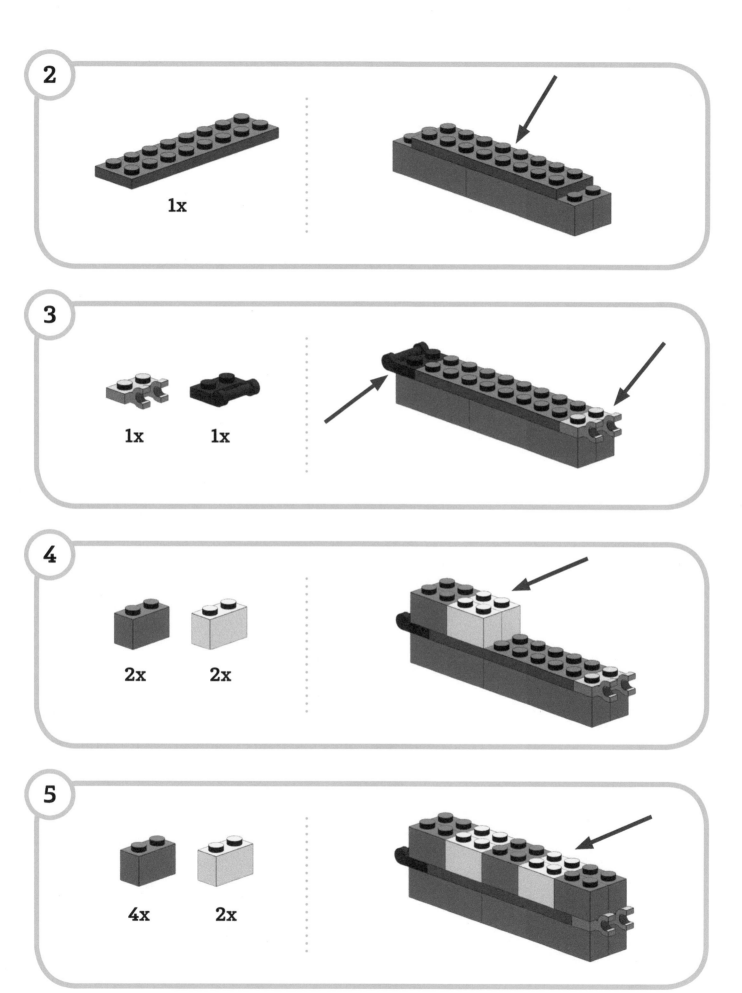

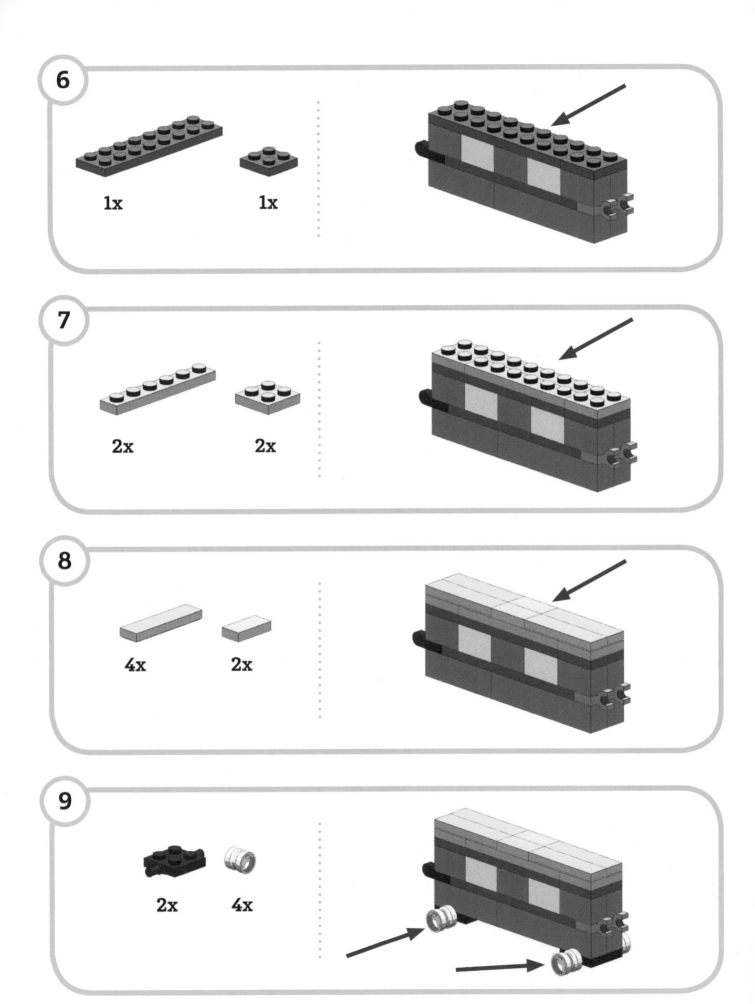

6

1x   1x

7

2x   2x

8

4x   2x

9

2x   4x

Build the Bullet Train Car 3

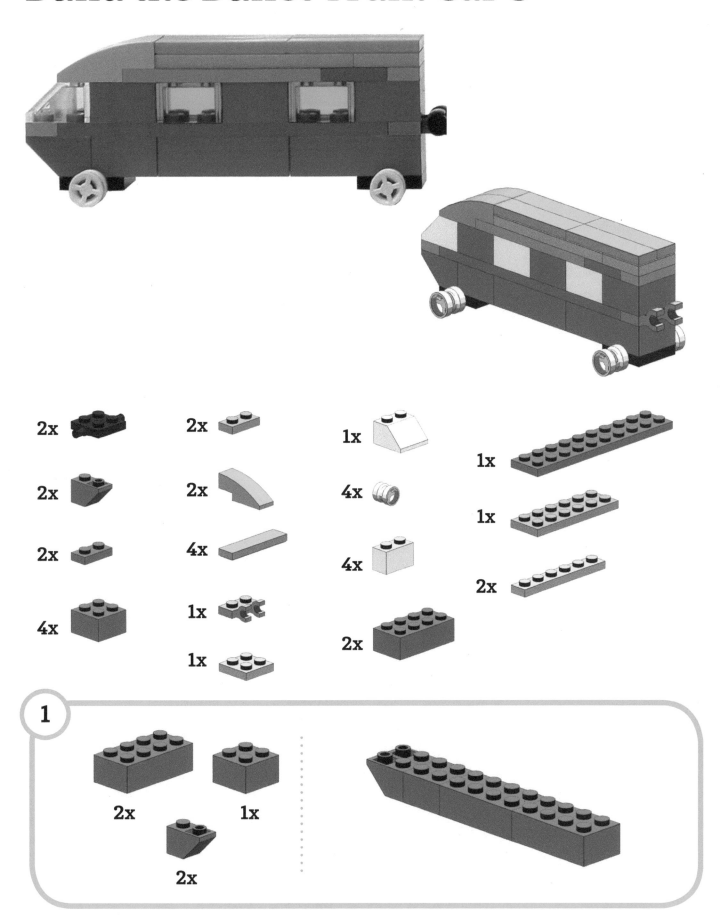

2x

1x

2x

1

2x 1x

2x

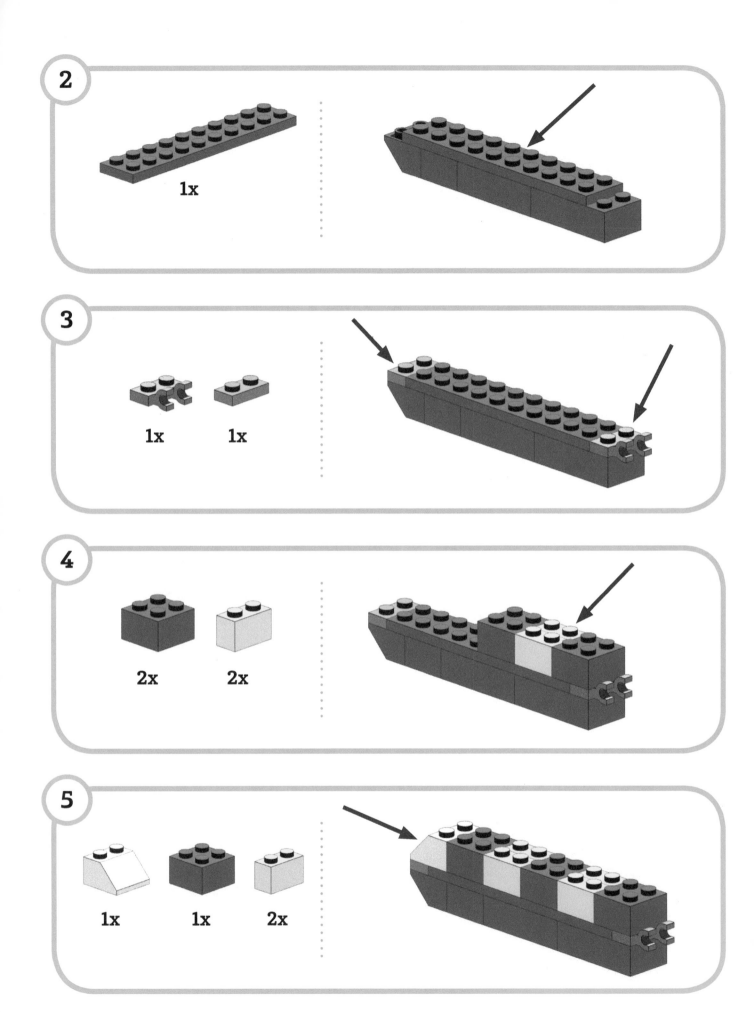

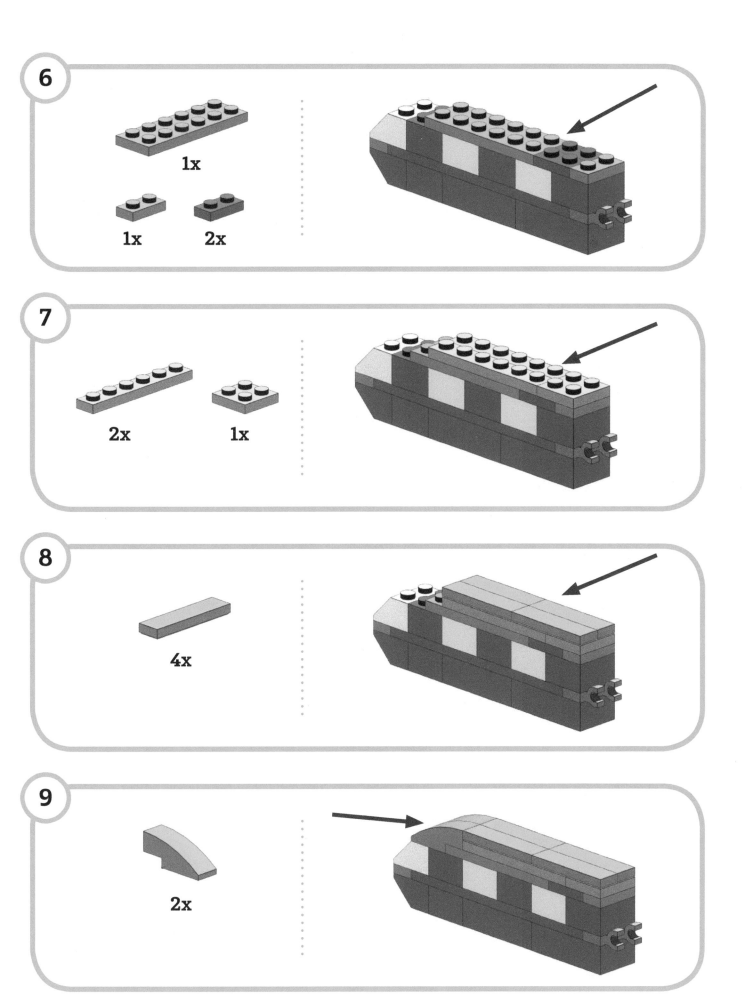

2x   4x

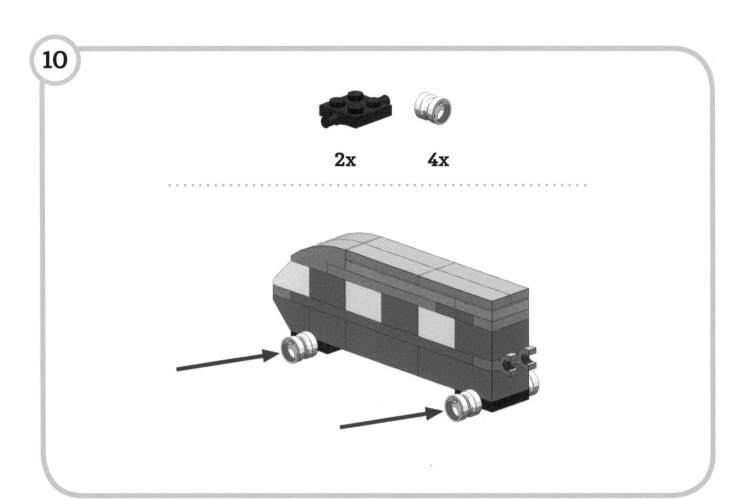

Freight Train

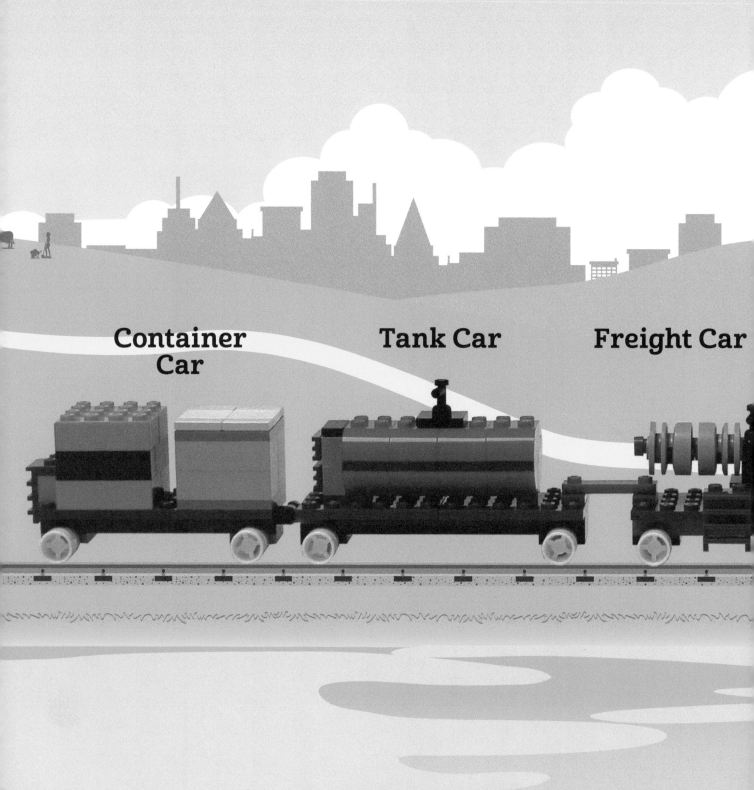

Container Car

Tank Car

Freight Car

Boxcar

Freight Train Engine

Build the Freight Train Engine

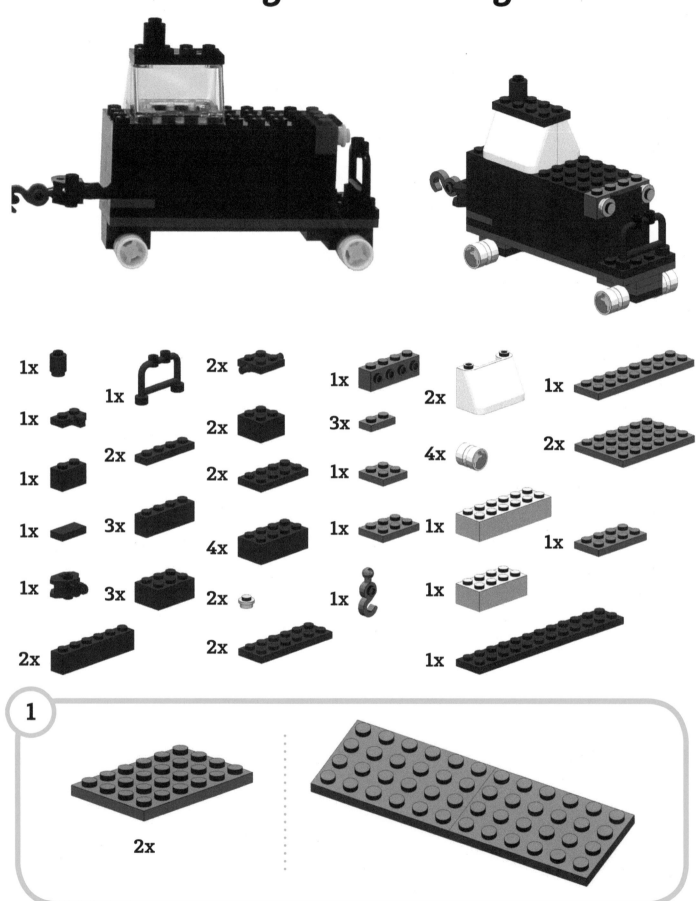

1x   1x   2x   1x   2x   1x

1x   2x   2x   3x   2x

1x   2x   3x   1x   4x   1x   1x

1x   3x   4x   1x   1x   1x

1x   3x   2x   1x   1x

2x   2x   1x

1

2x

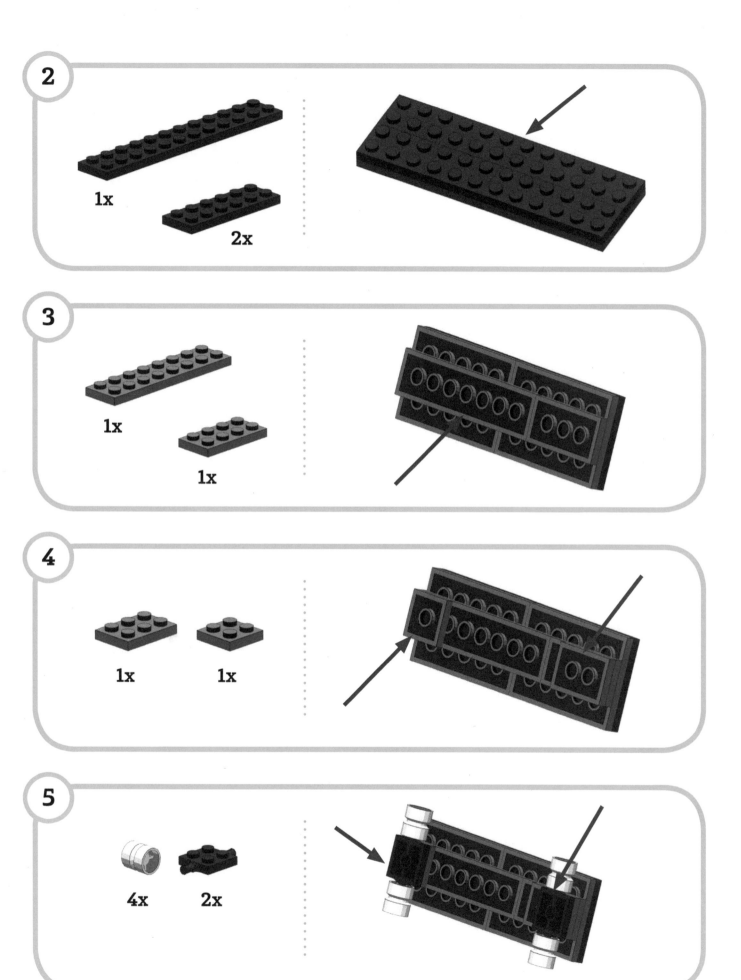

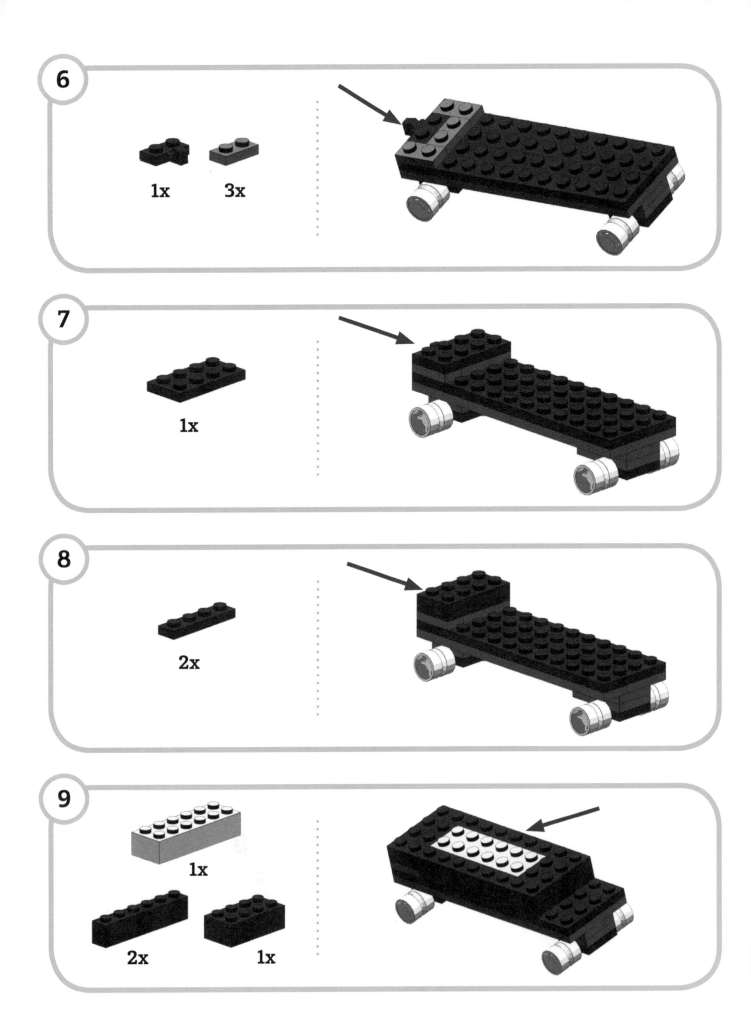

10

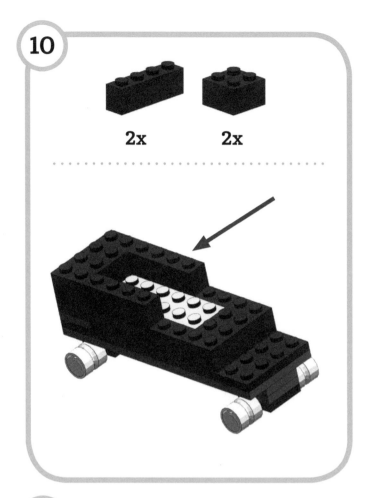

2x   2x

11

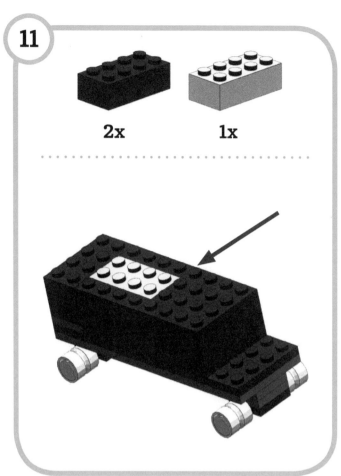

2x   1x

12

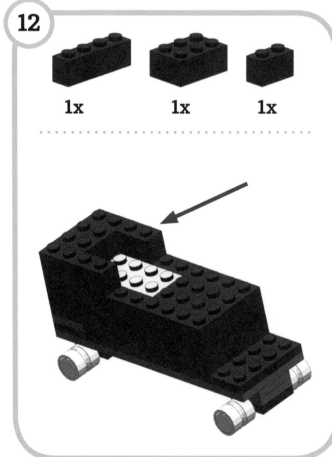

1x   1x   1x

13

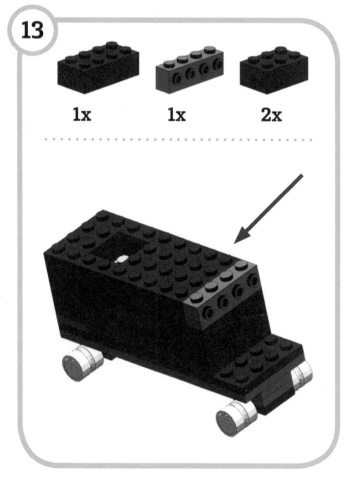

1x   1x   2x

14

2x

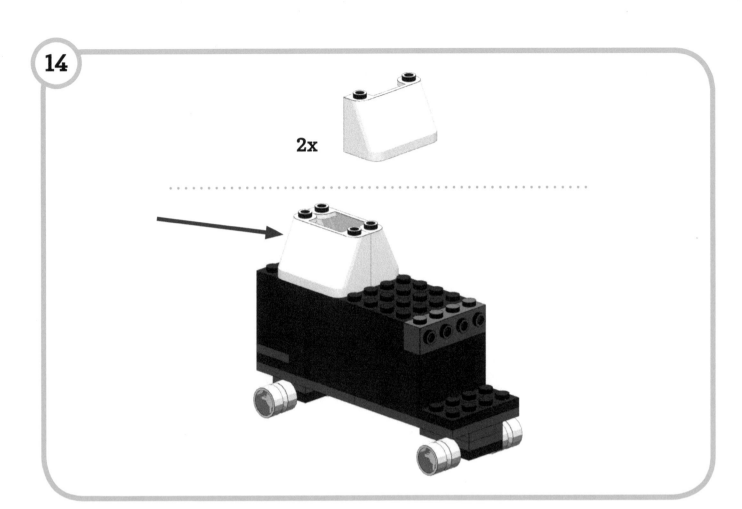

15

1x   1x

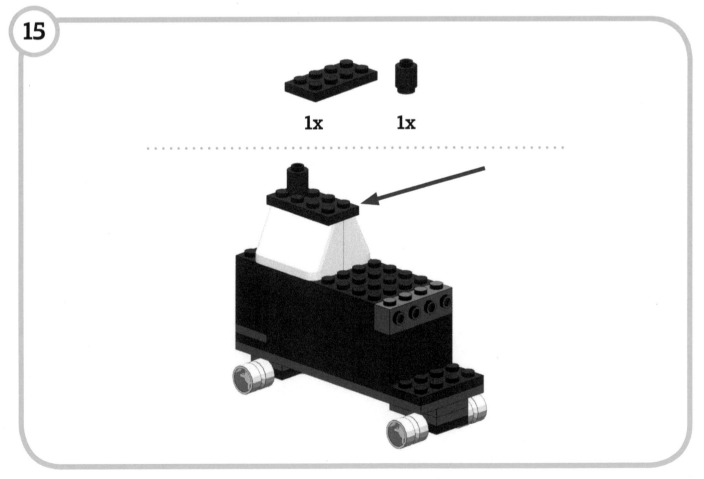

16

1x   1x   2x

17

1x   1x

Build the Boxcar

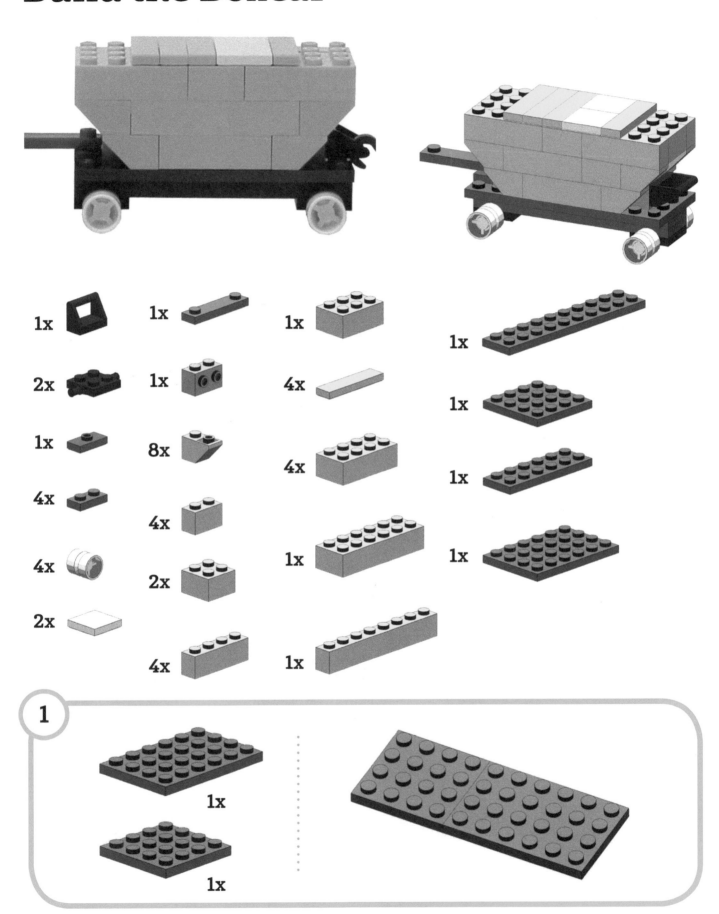

1x

2x

1x

4x

4x

2x

1x

1x

8x

4x

2x

4x

1x

4x

4x

1x

1x

1x

1x

1x

1x

1

1x

1x

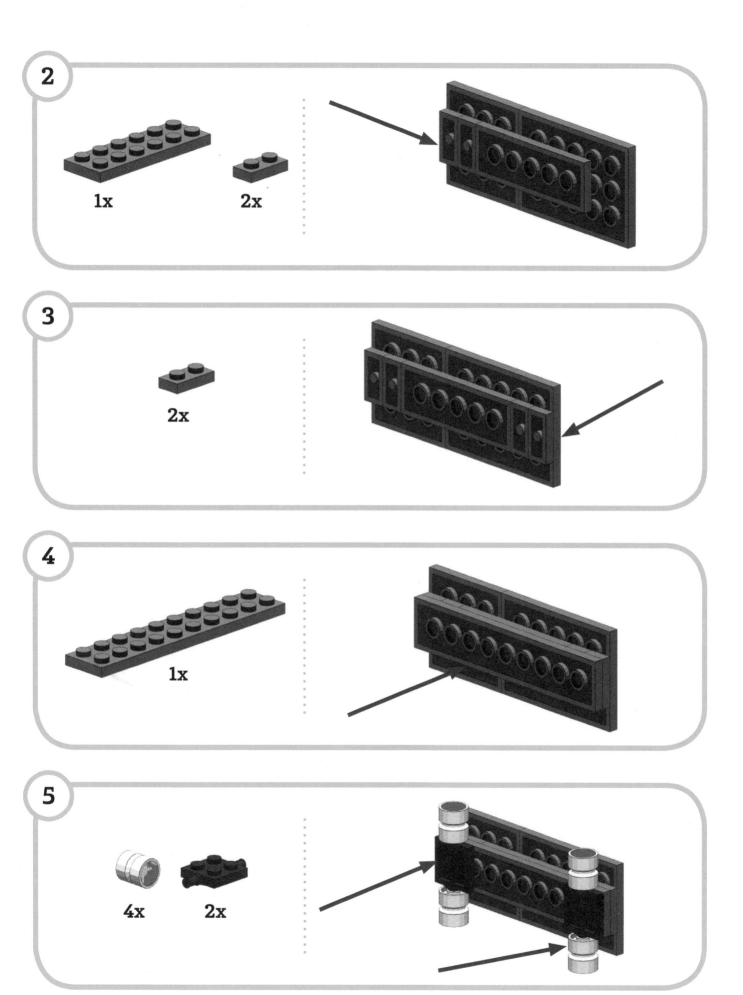

6

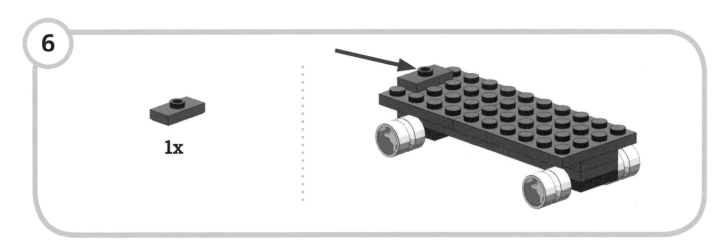

1x

7

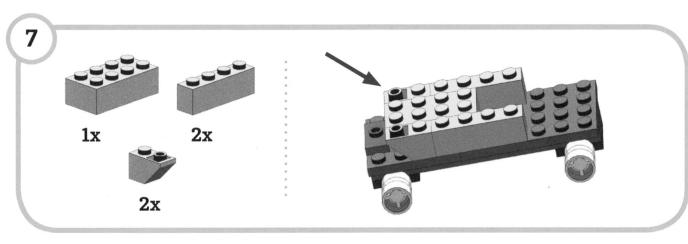

1x   2x

2x

8

1x   1x   2x

9

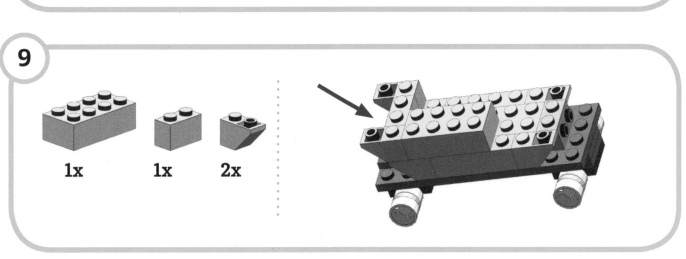

1x   1x   2x

44

10

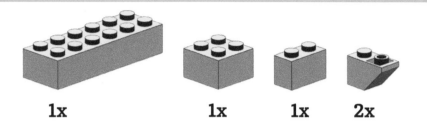

1x   1x   1x   2x

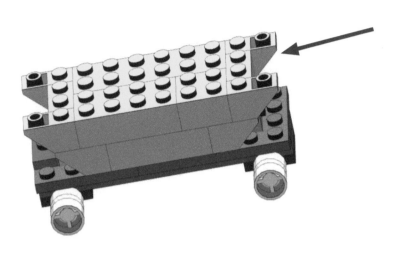

11

1x   1x   1x   1x   1x

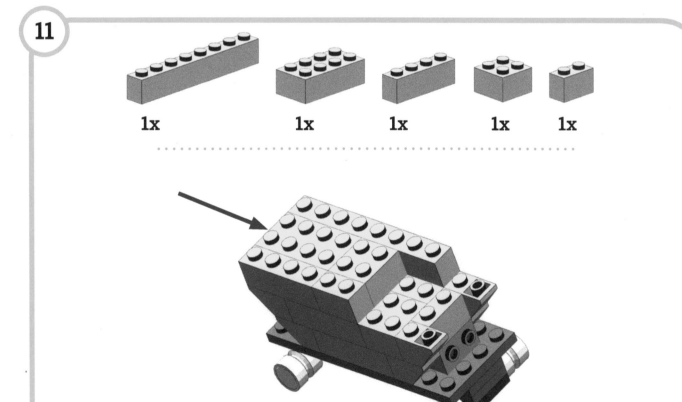

45

12

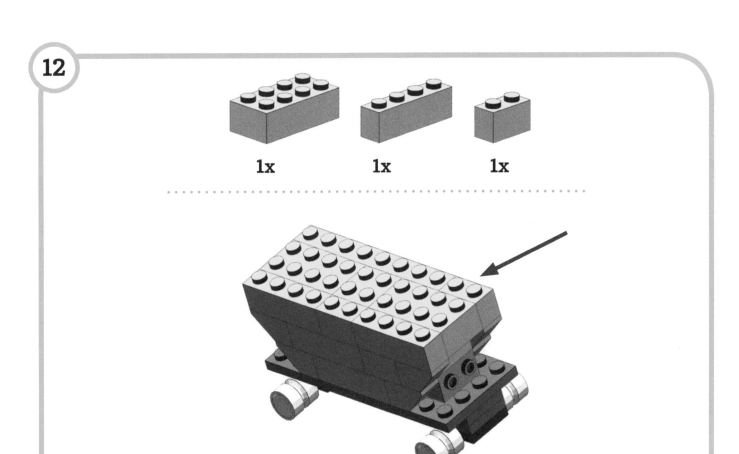

1x   1x   1x

13

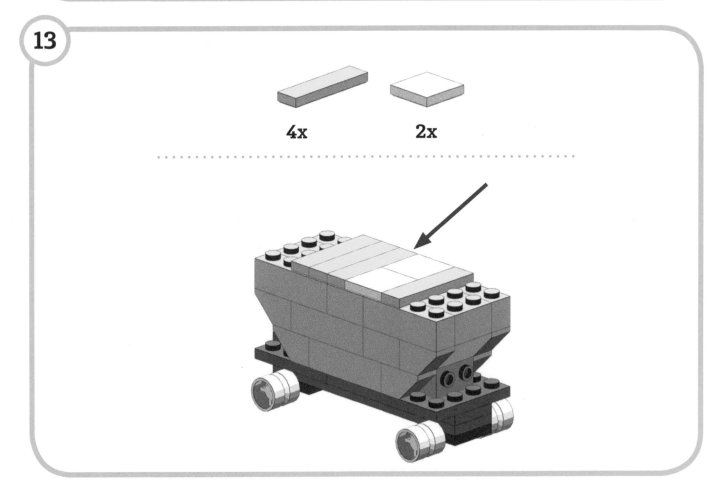

4x   2x

14

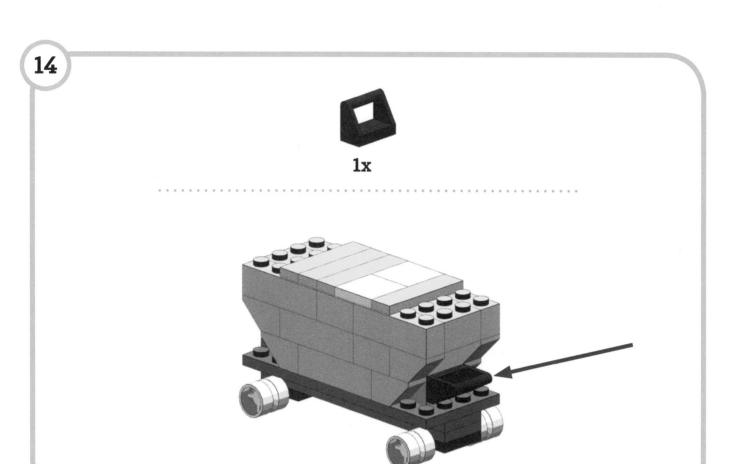

1x

15

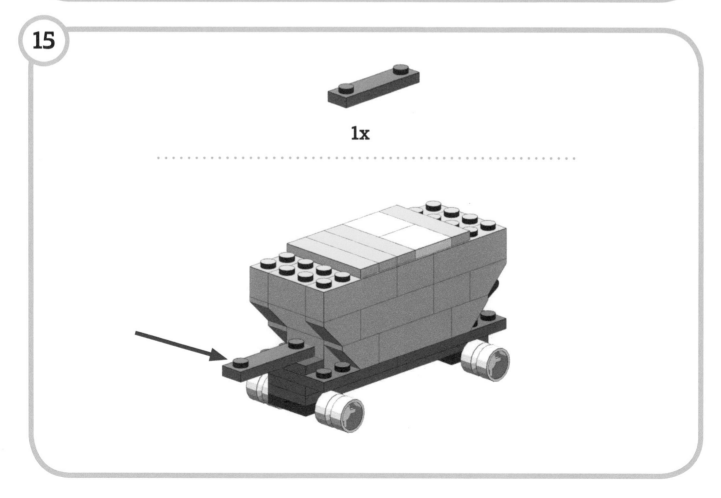

1x

Build the Freight Car

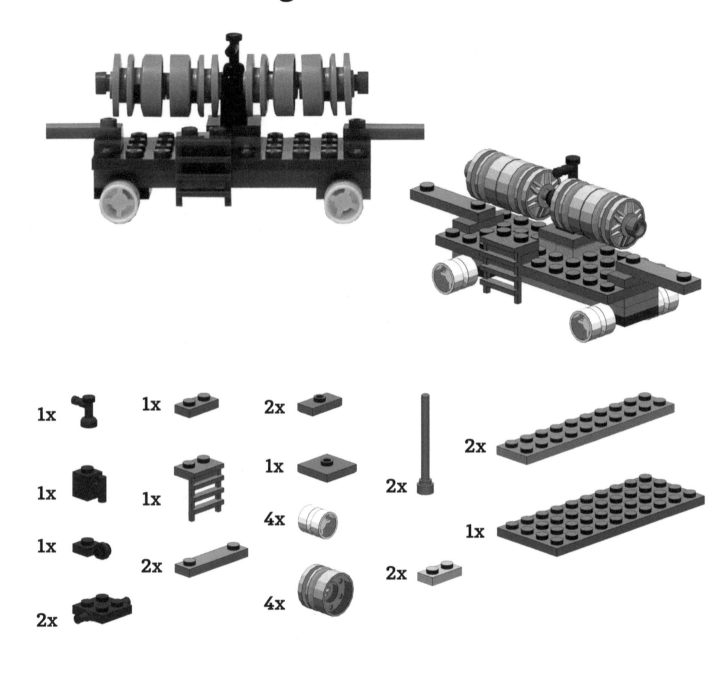

1x
1x
1x
2x

1x
1x
1x

2x
4x
4x

2x
1x

2x
2x

2x
1x

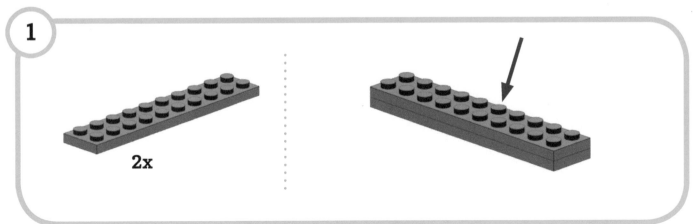

1

2x

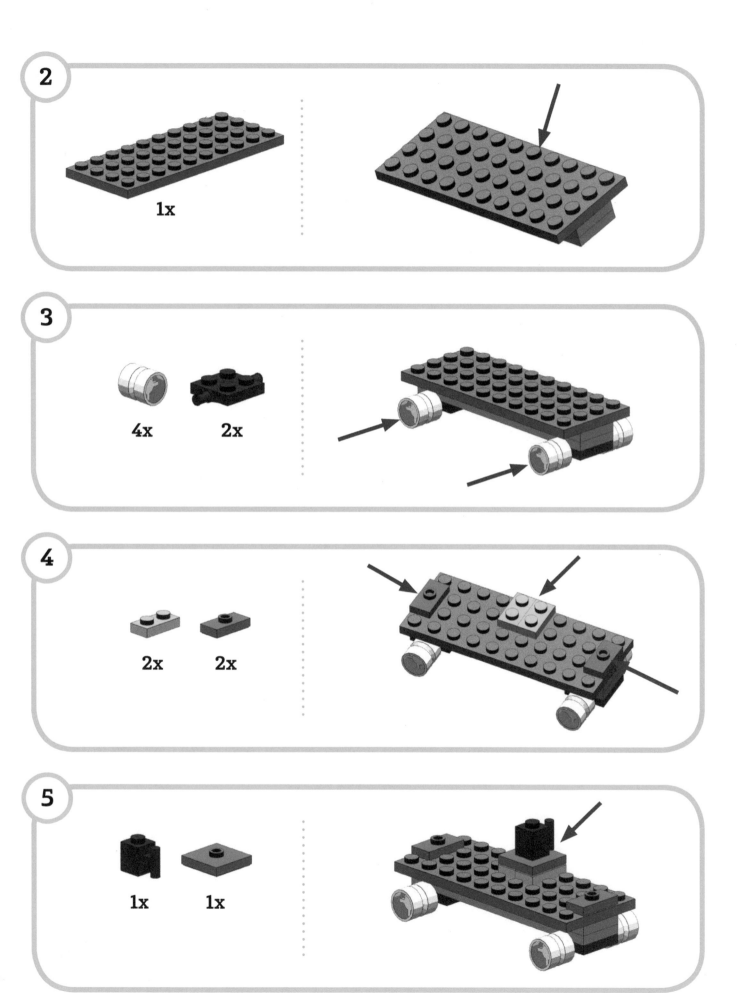

6

1x

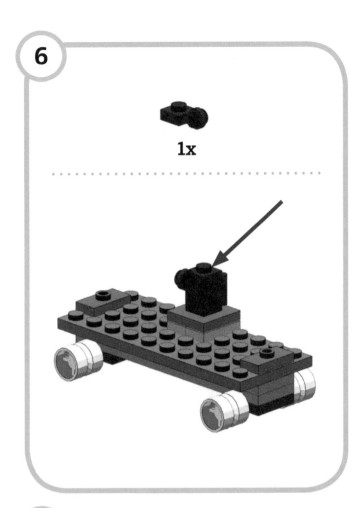

7

1x 2x

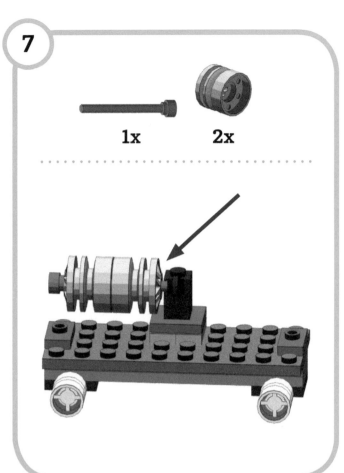

8

1x 2x

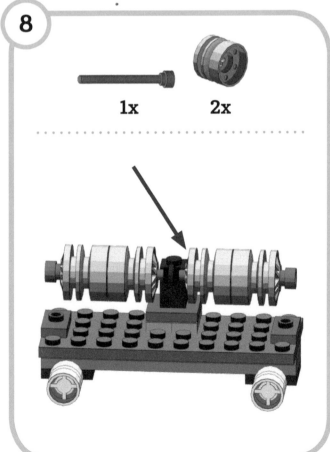

9

1x

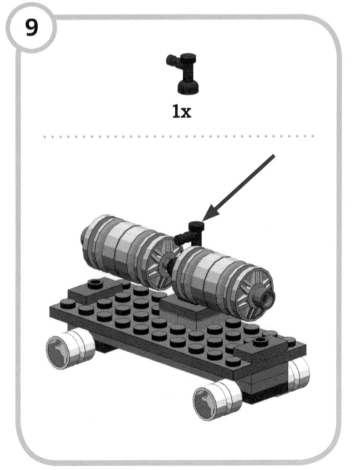

10

1x

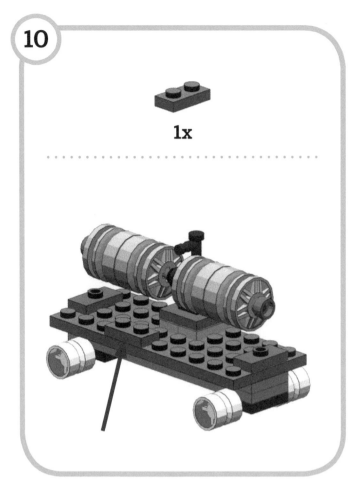

11

1x

12

2x

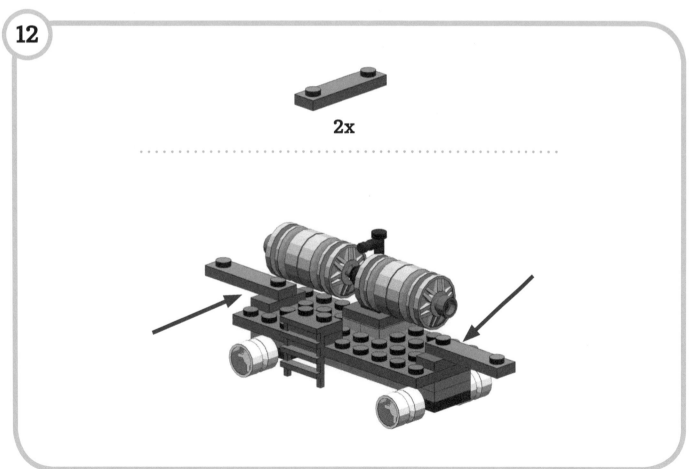

Build the Tank Car

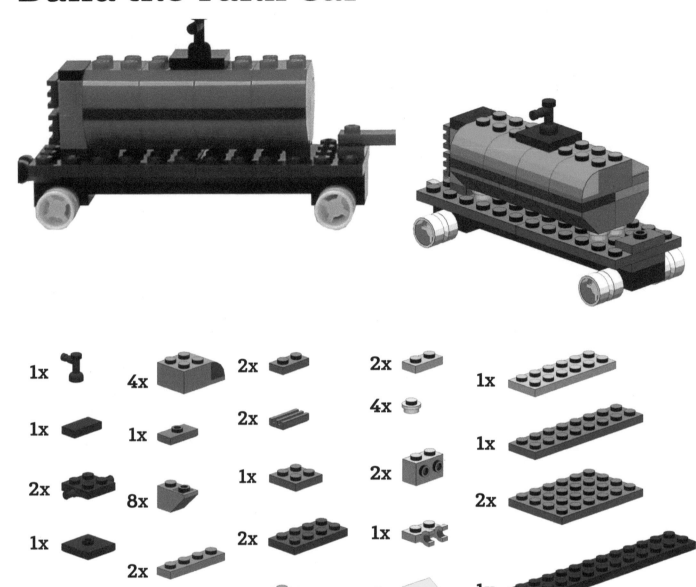

1x 1x 2x 1x 4x

4x 1x 8x 2x

2x 2x 1x 2x 8x

2x 4x 2x 1x 4x

1x 1x 2x 1x

1

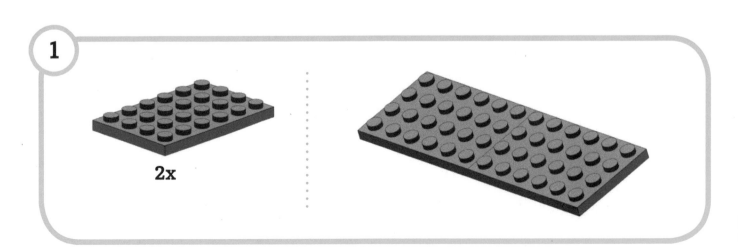

2x

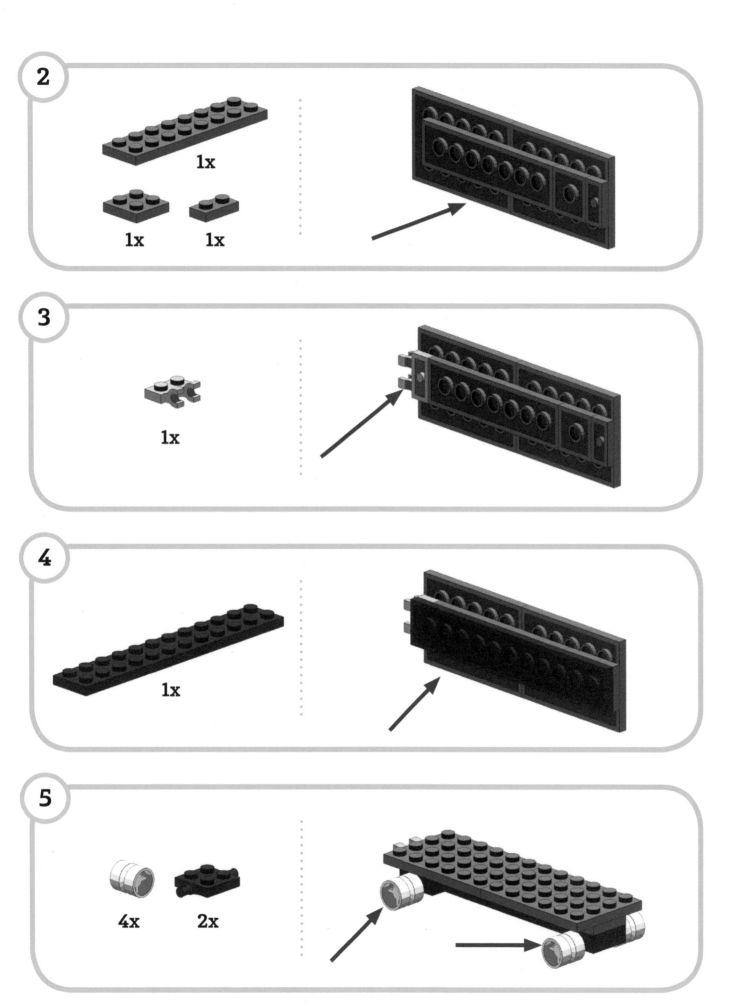

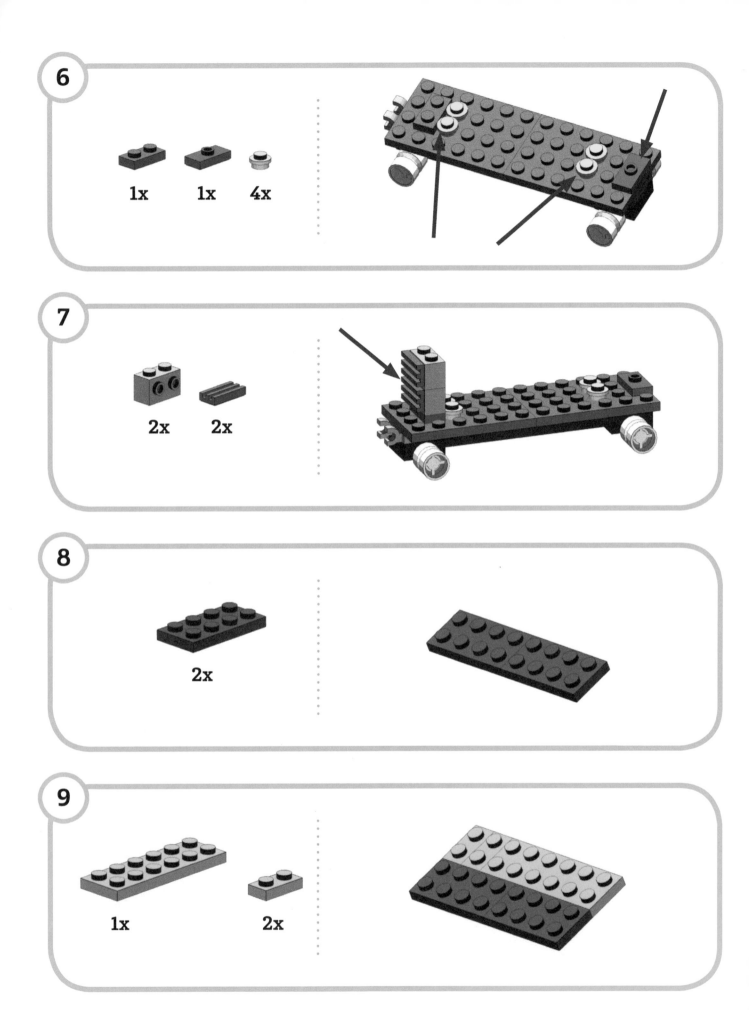

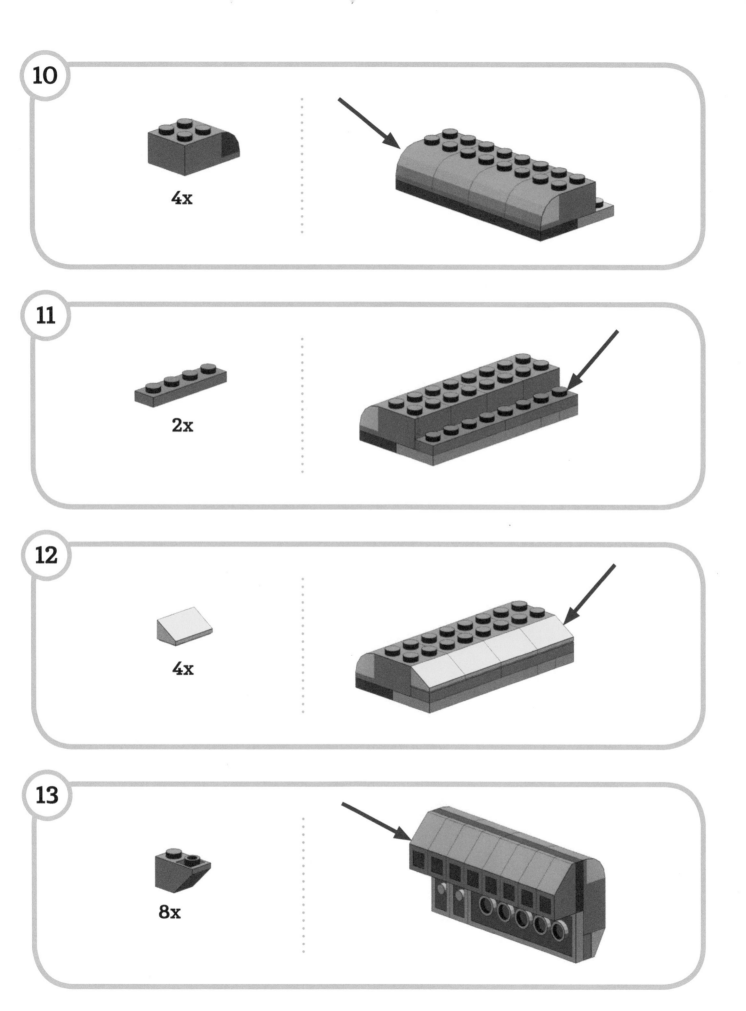

8x

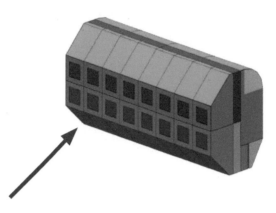

15

1x  1x

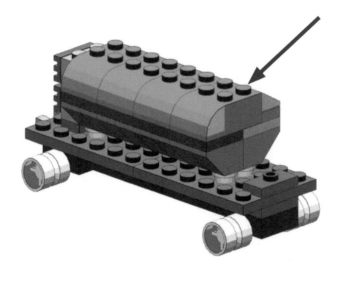

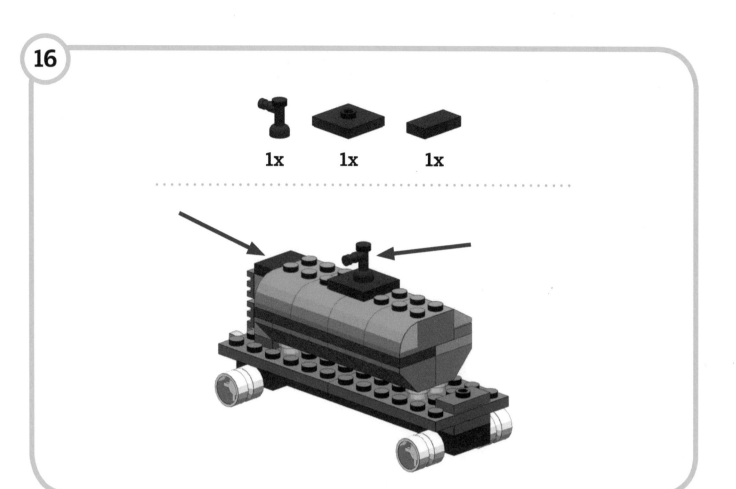

1x **1x** **1x**

Build the Container Car

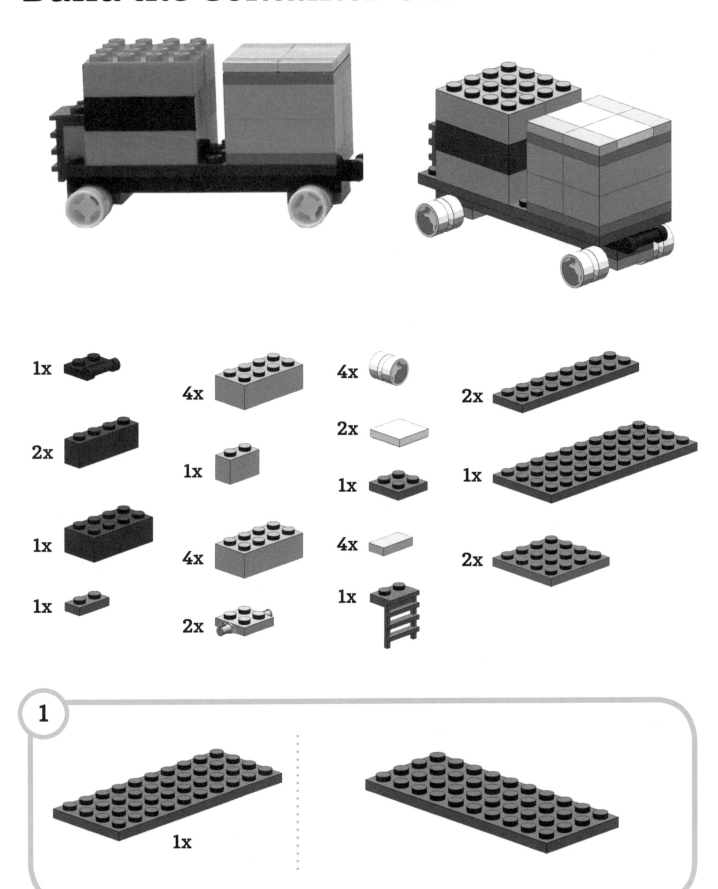

1x

2x

1x

1x

4x

1x

4x

2x

4x

2x

2x

1x

4x

1x

2x

1x

1x

2x

1

1x

2

1x

1x   1x

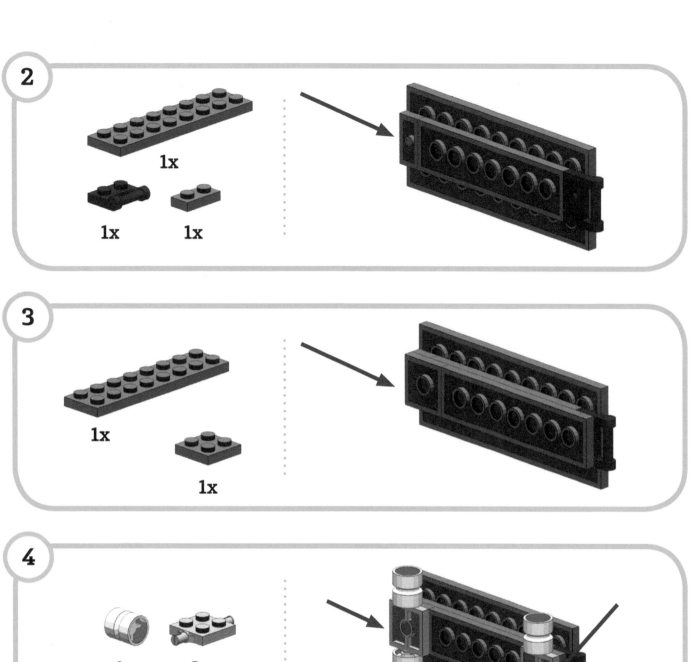

3

1x

1x

4

4x   2x

5

2x   1x

6

2x

1x

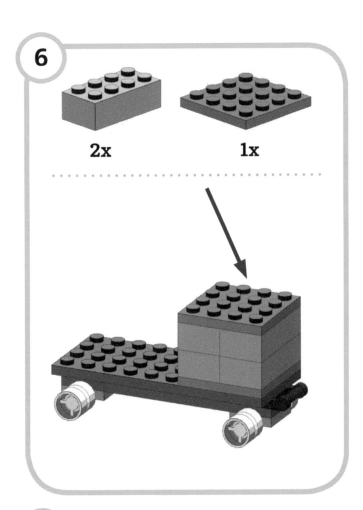

7

2x

2x

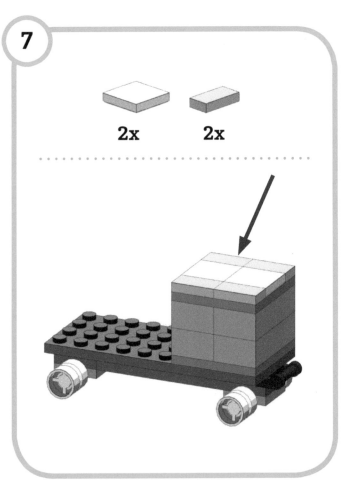

8

2x

1x

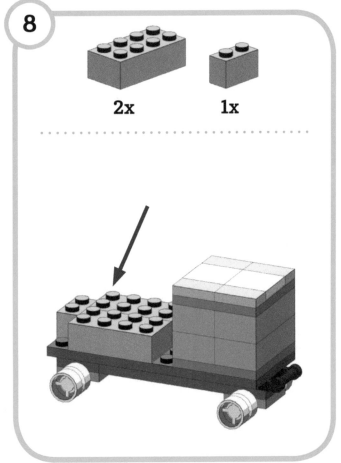

9

1x

2x

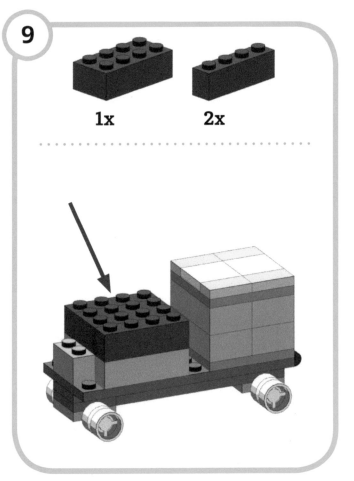

10

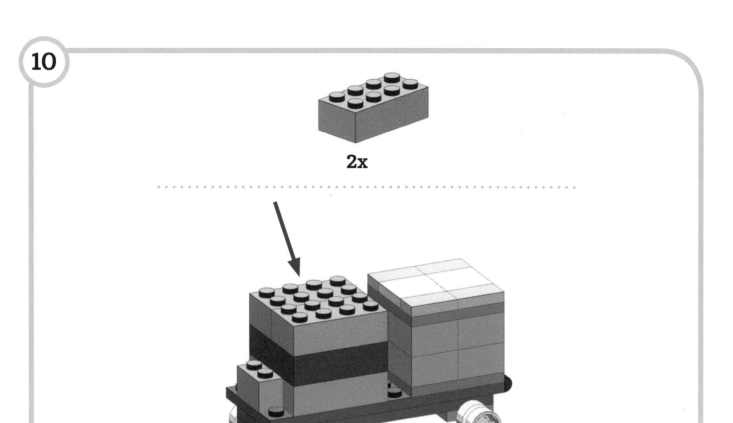

2x

11

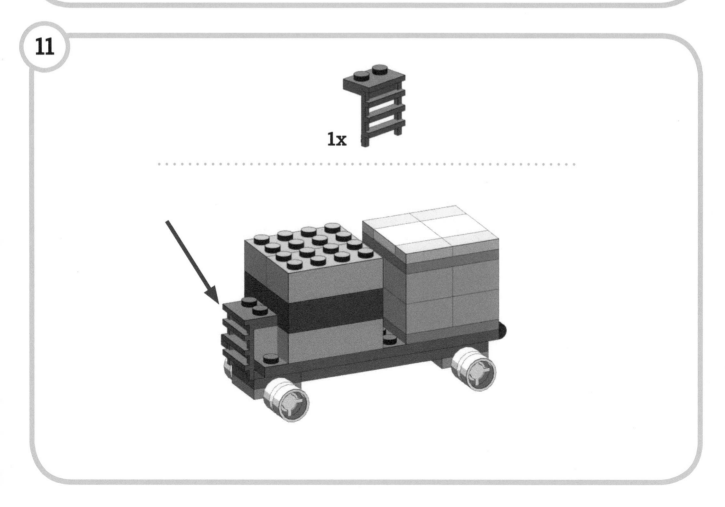

1x

Autorack Train

Blue Van

Pink
Sports Ca

Autorack
Engine

Green Purple
Autorack

Build the Autorack Train Engine

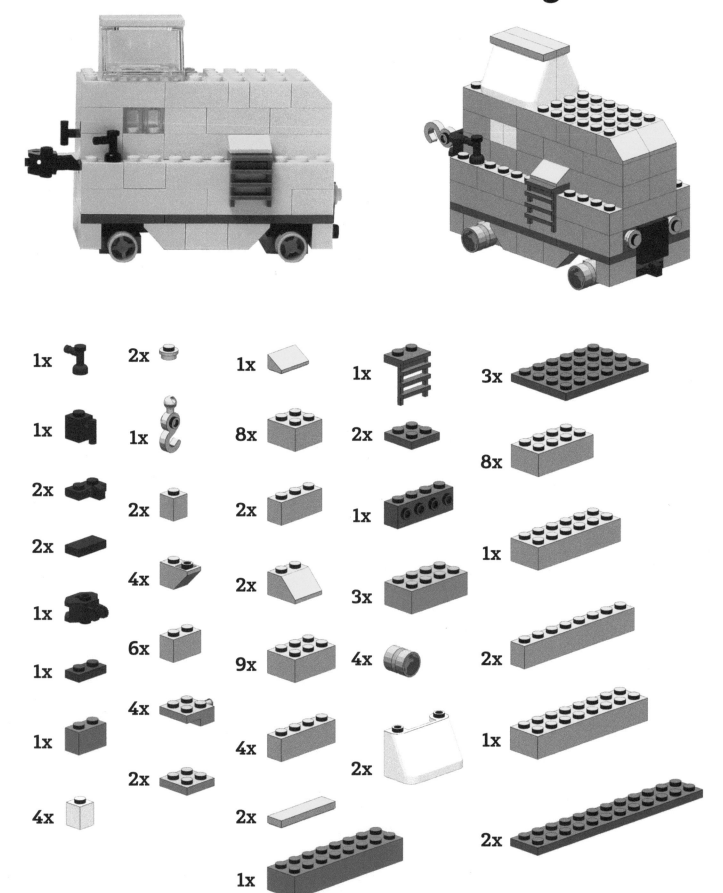

1x

2x

1x

1x

3x

1x

1x

8x

2x

8x

2x

2x

2x

1x

2x

2x

4x

2x

1x

1x

6x

9x

4x

2x

1x

4x

4x

2x

1x

1x

2x

2x

4x

2x

2x

1x

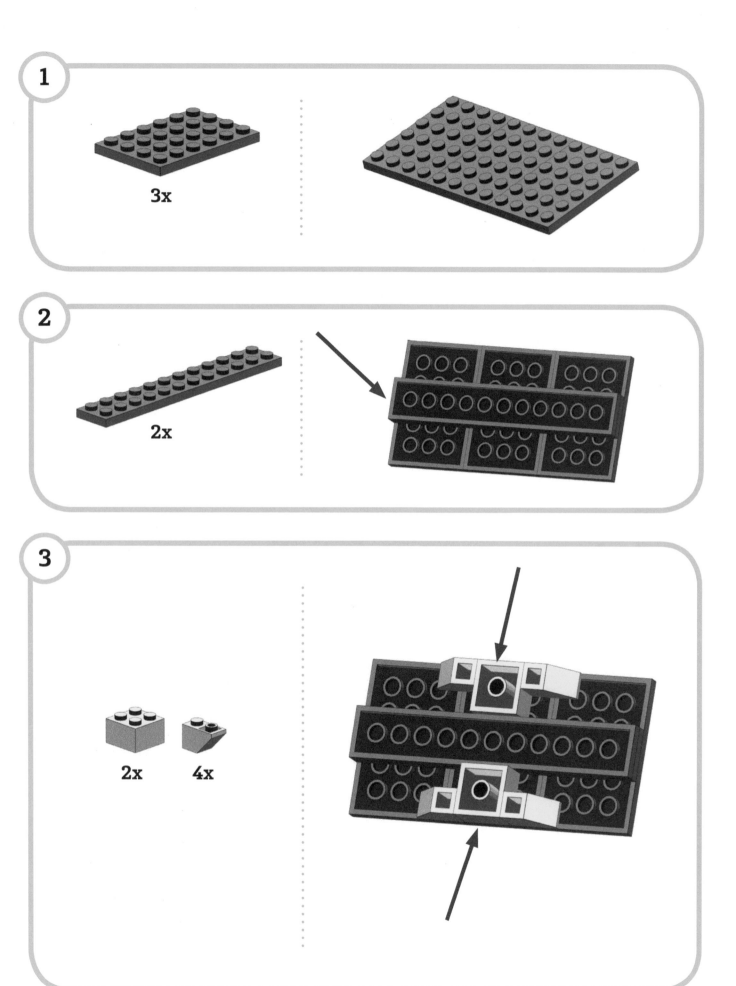

4

4x

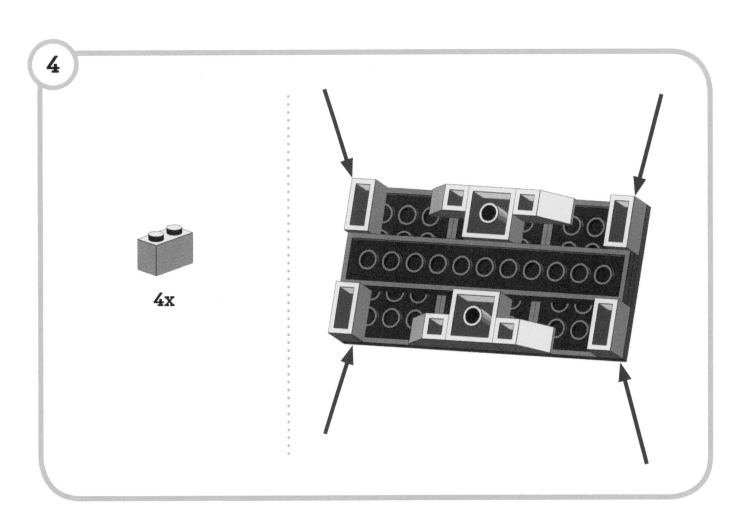

5

4x 2x

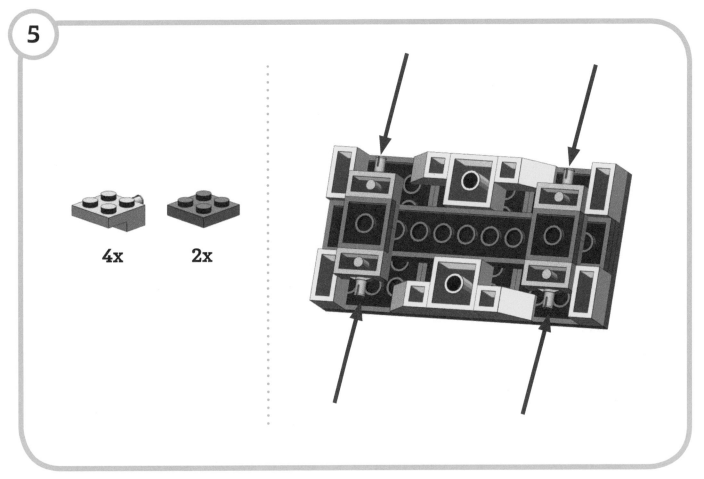

6

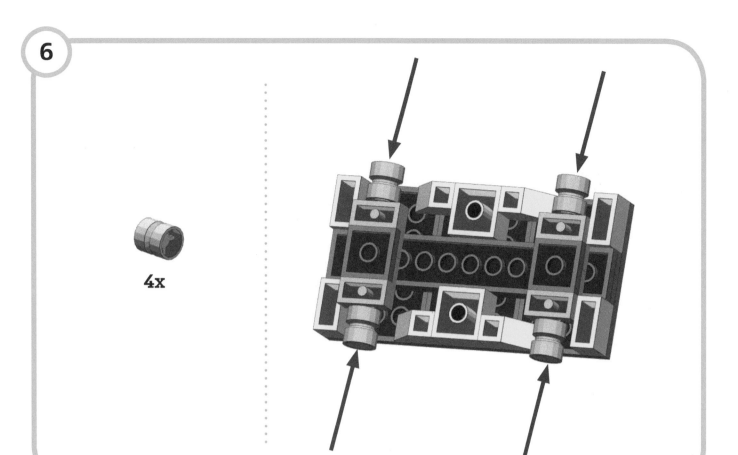

4x

7

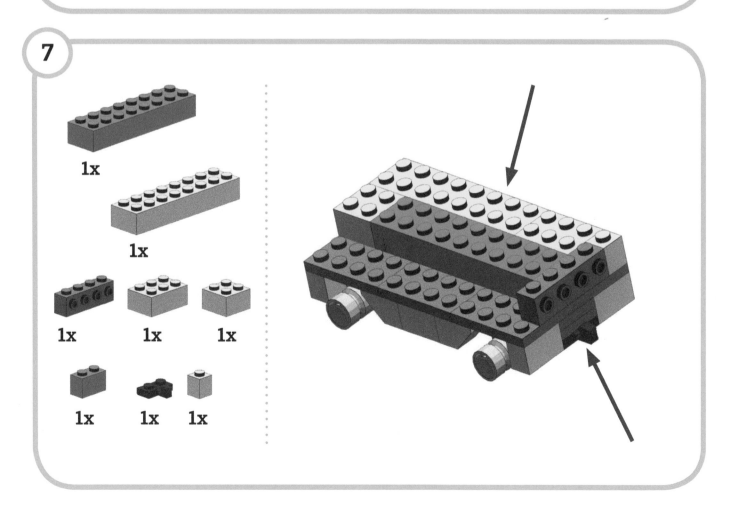

1x

1x

1x   1x   1x

1x   1x   1x

8

1x

1x

1x 1x

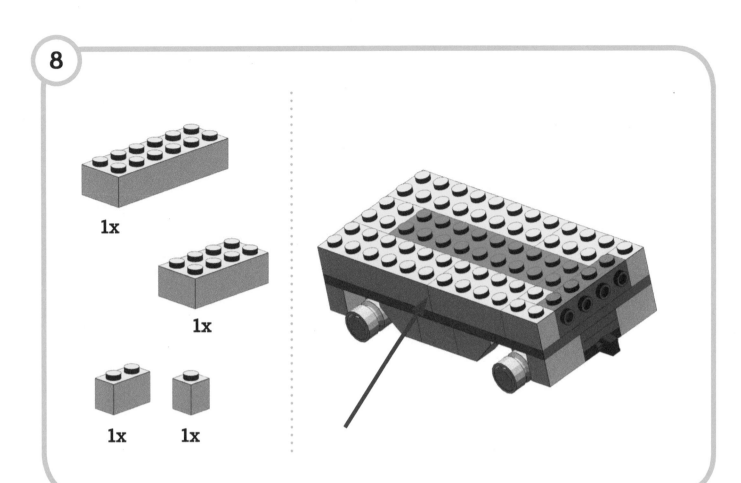

9

1x

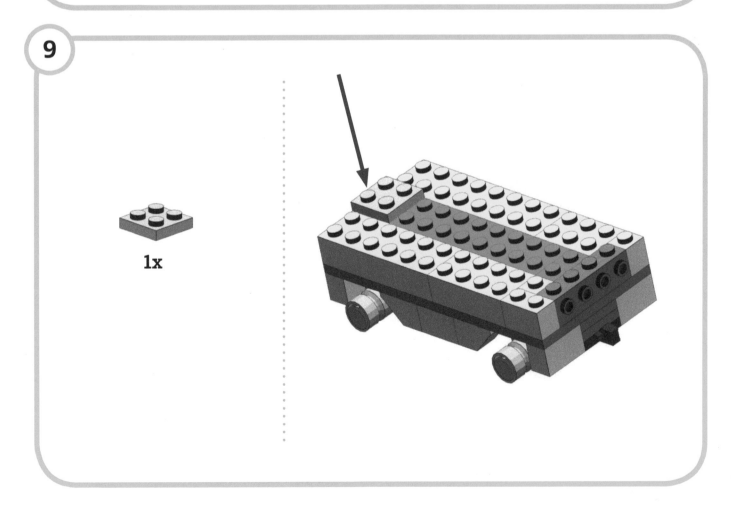

10

1x 1x

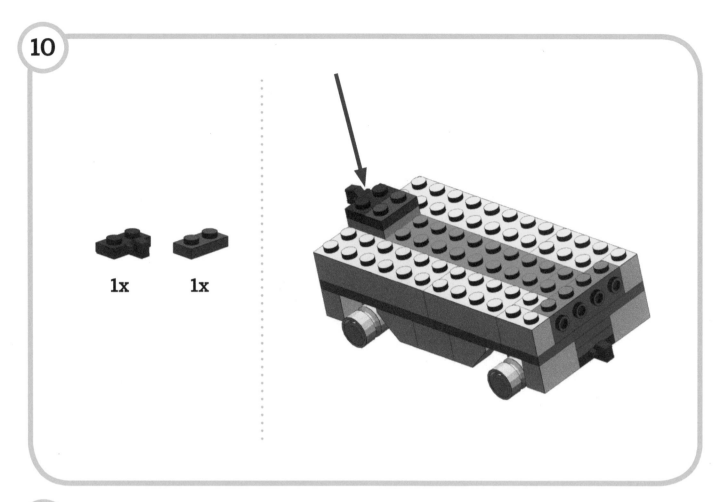

11

1x

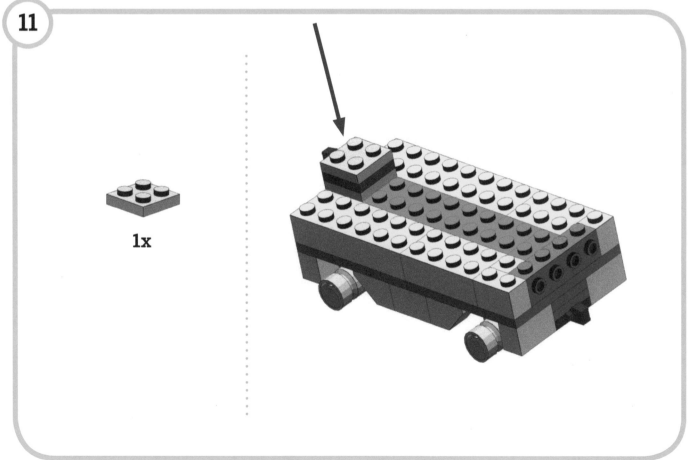

12

1x

2x

2x

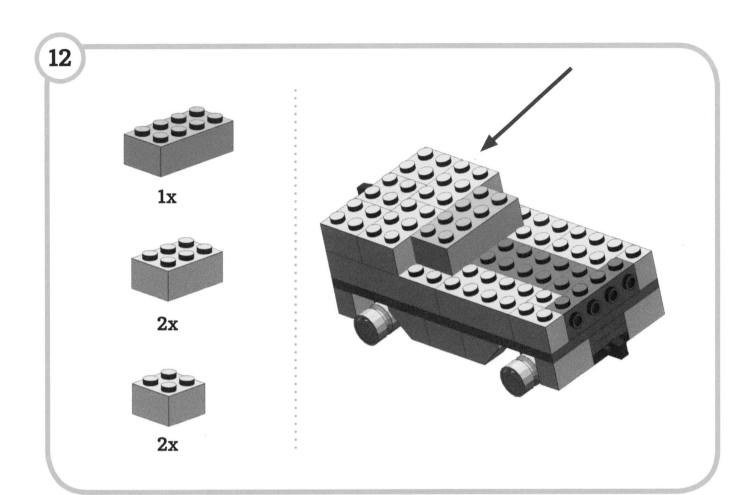

13

2x

2x

1x

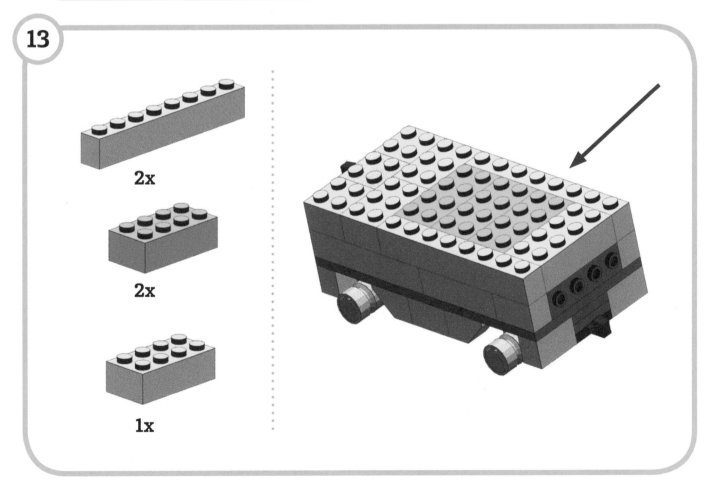

14

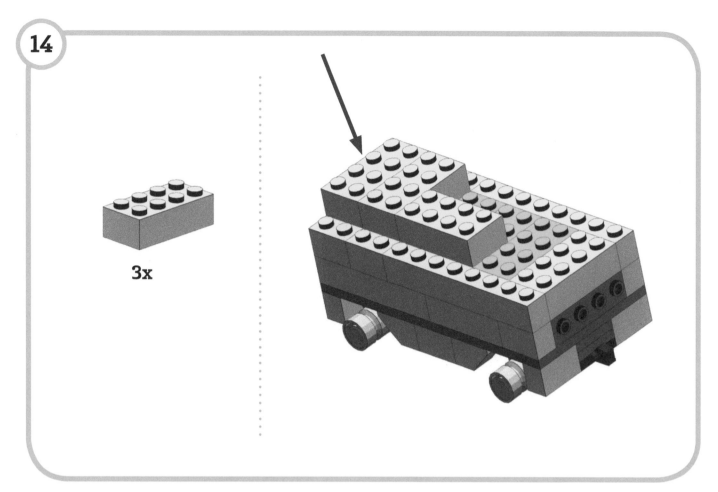

3x

15

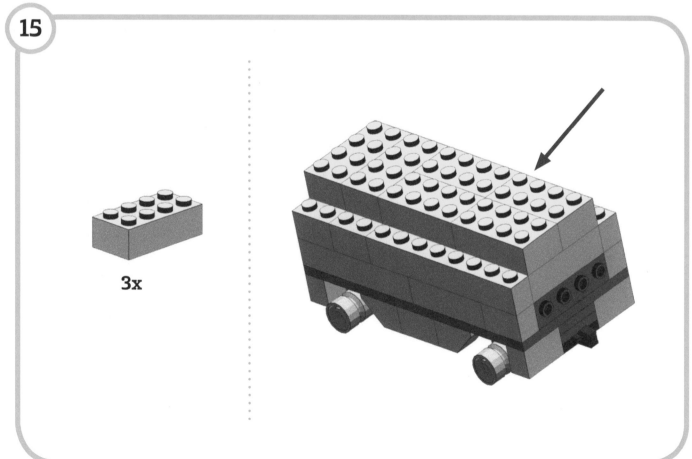

3x

16

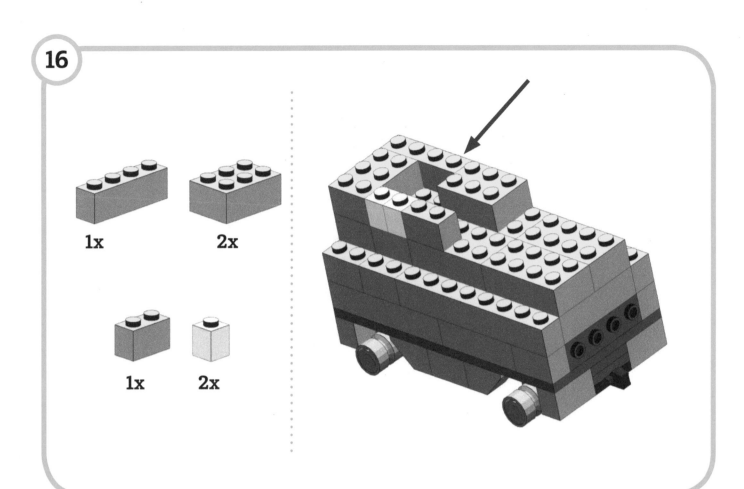

1x 2x

1x 2x

17

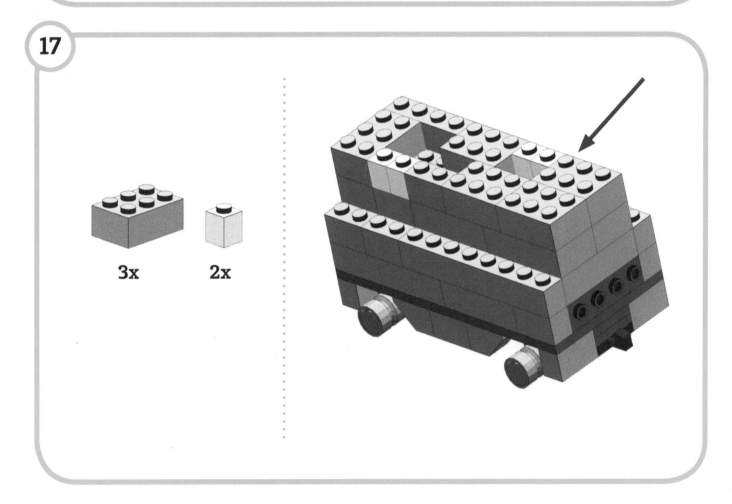

3x 2x

18

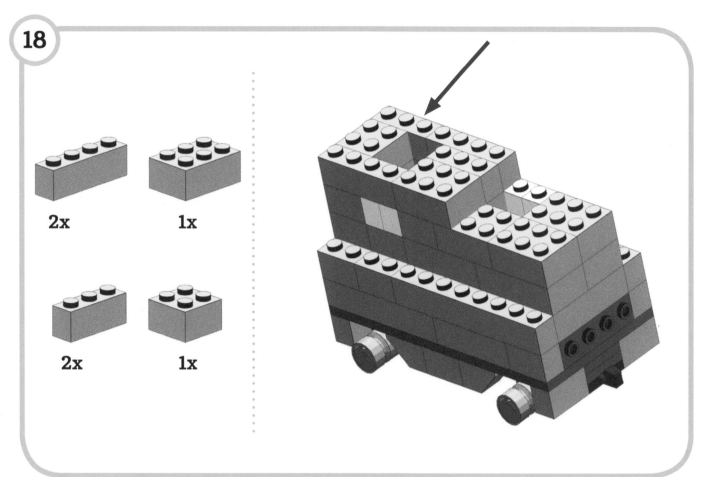

2x 1x

2x 1x

19

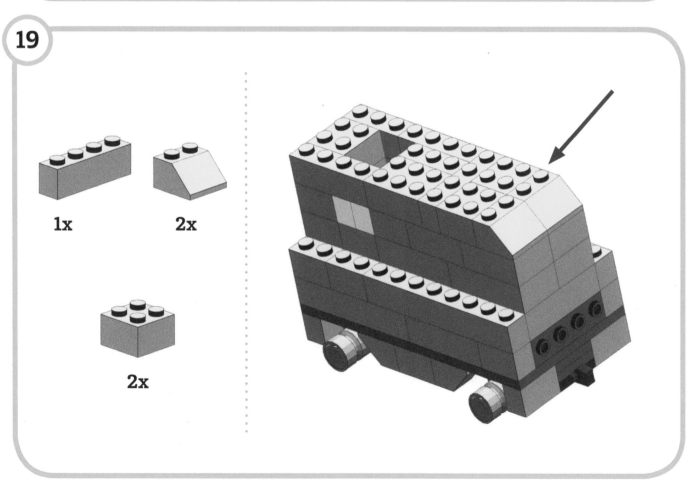

1x 2x

2x

20

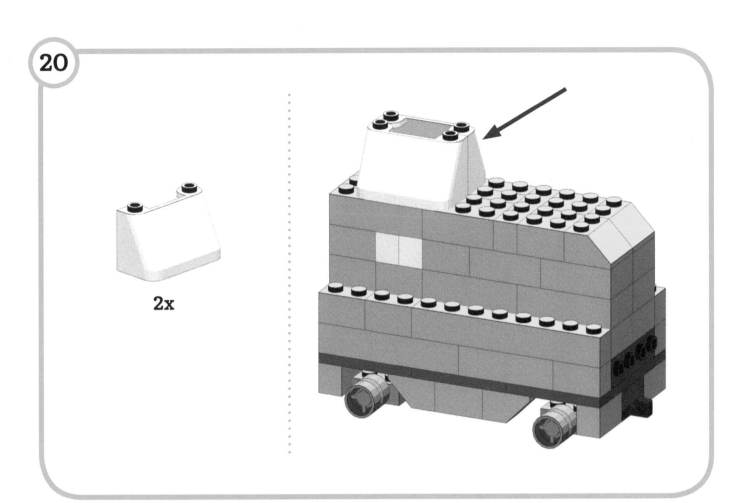

2x

21

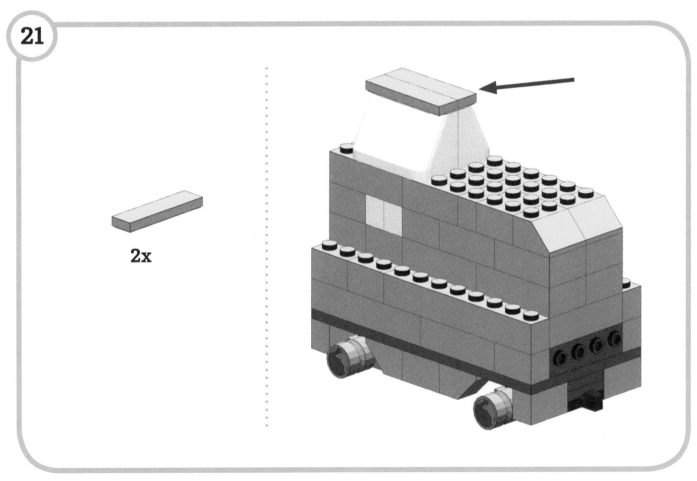

2x

22

1x 1x

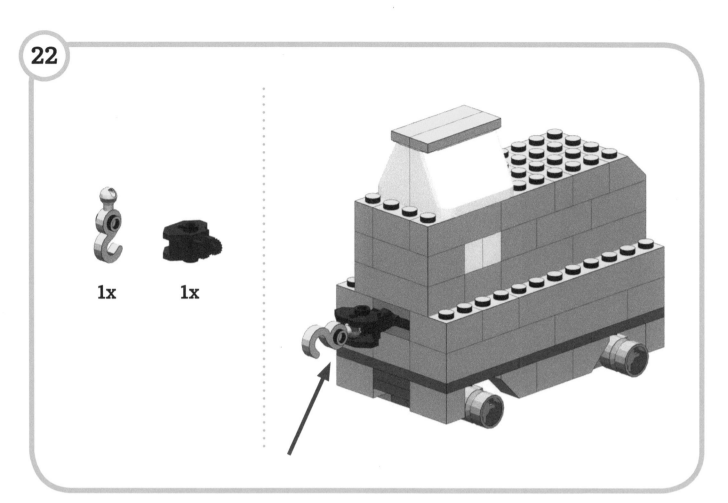

23

1x

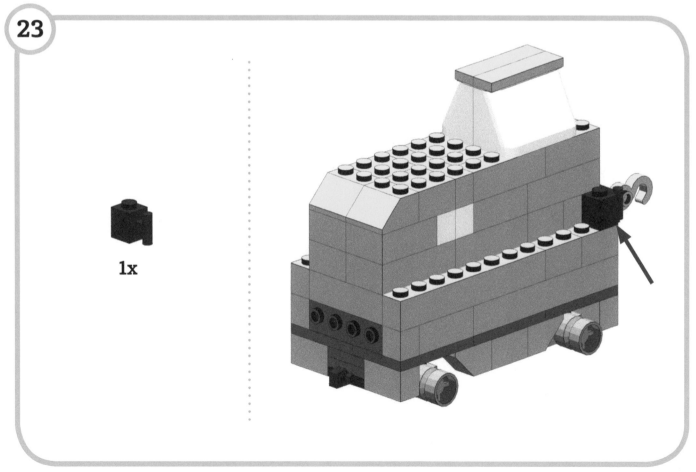

24

1x   1x   1x

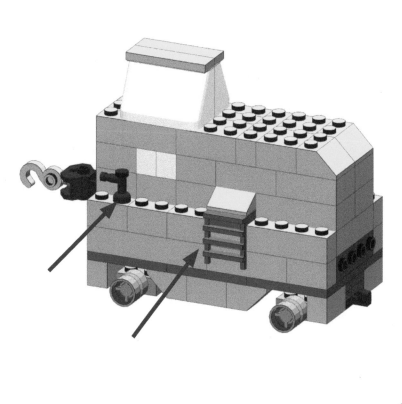

25

2x   2x

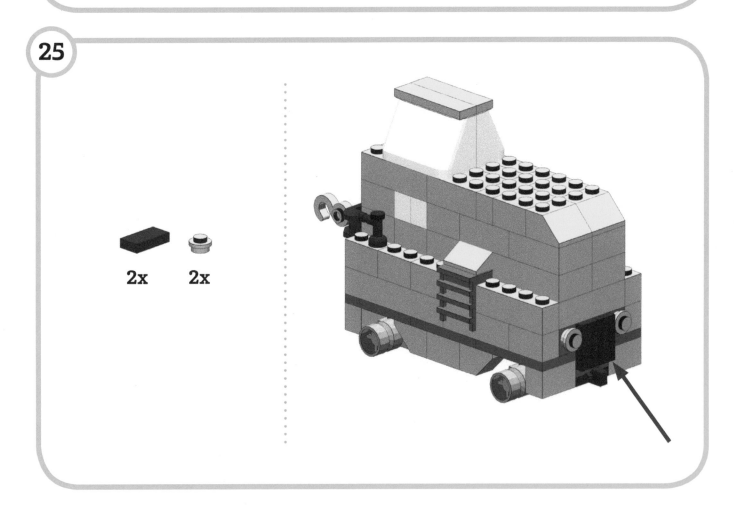

Build the Green Purple Autorack

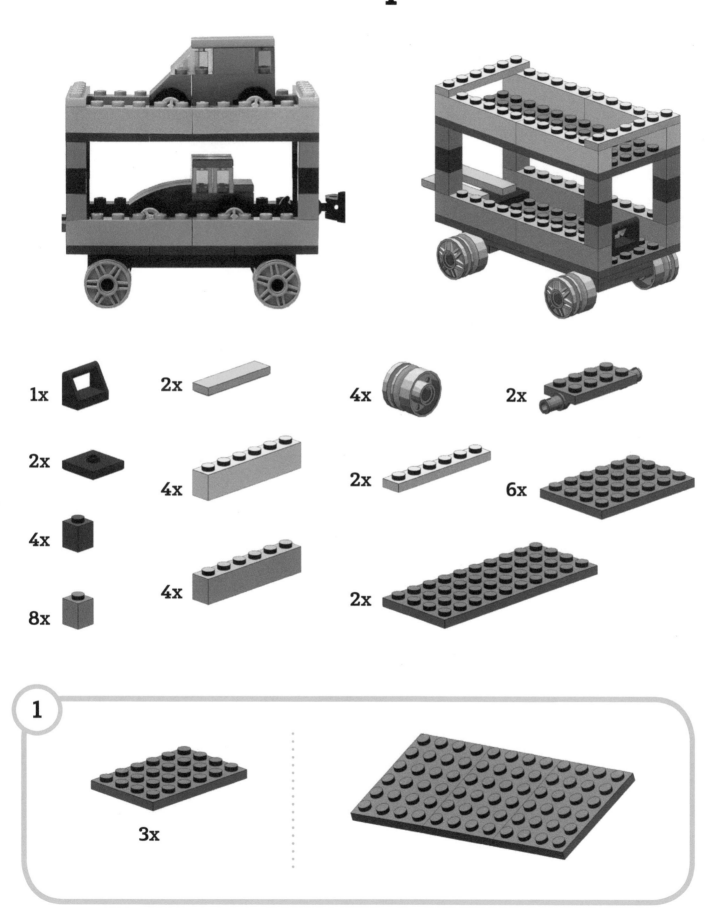

1

3x

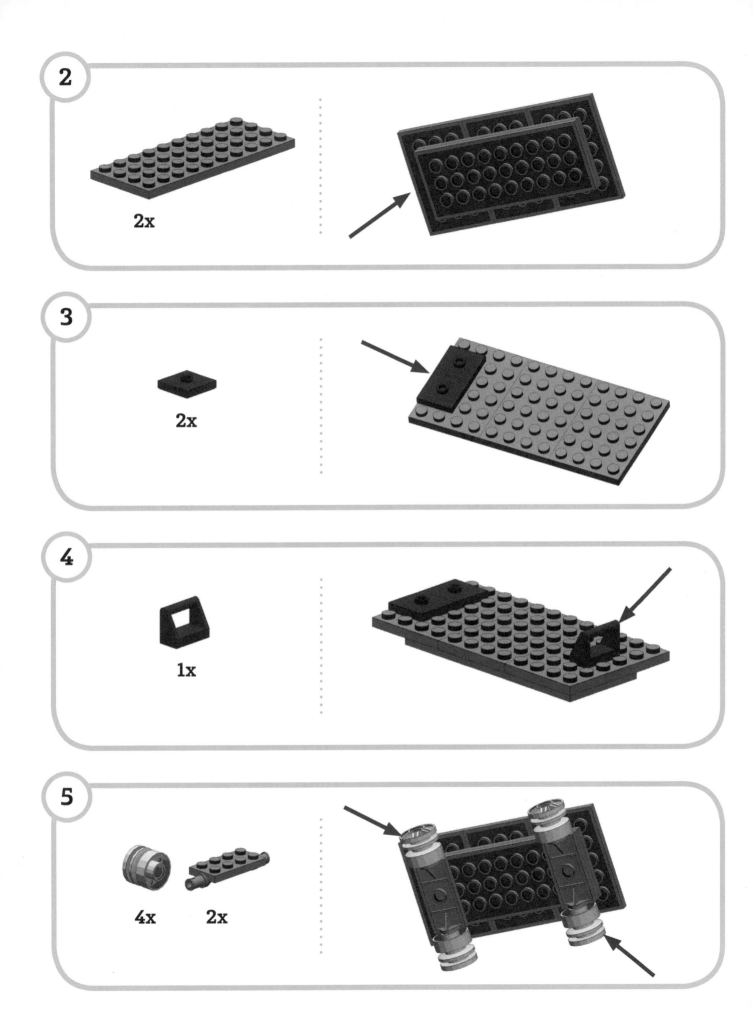

6

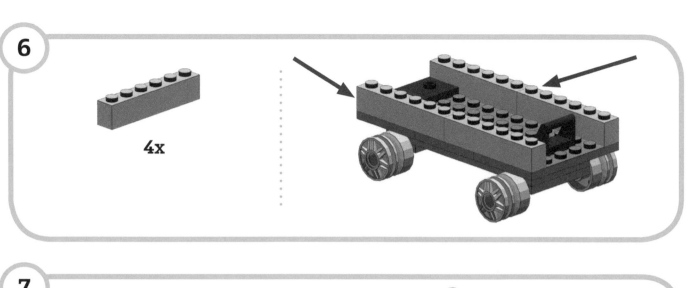

4x

7

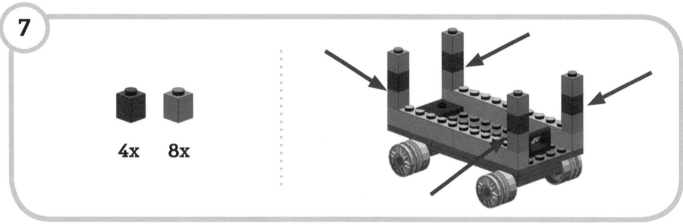

4x   8x

8

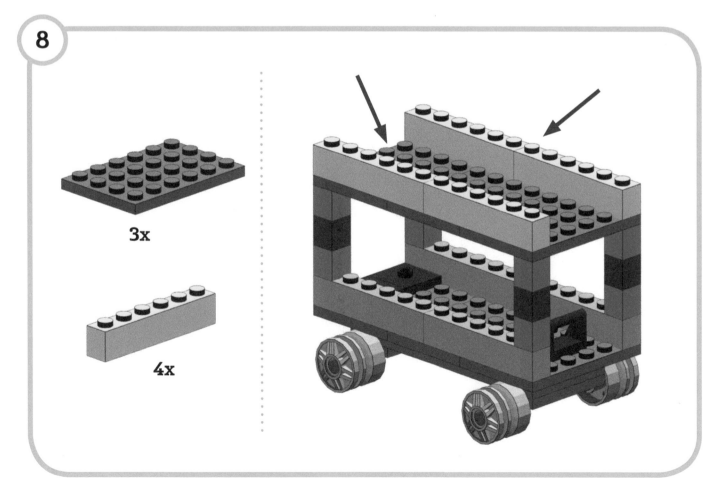

3x

4x

9

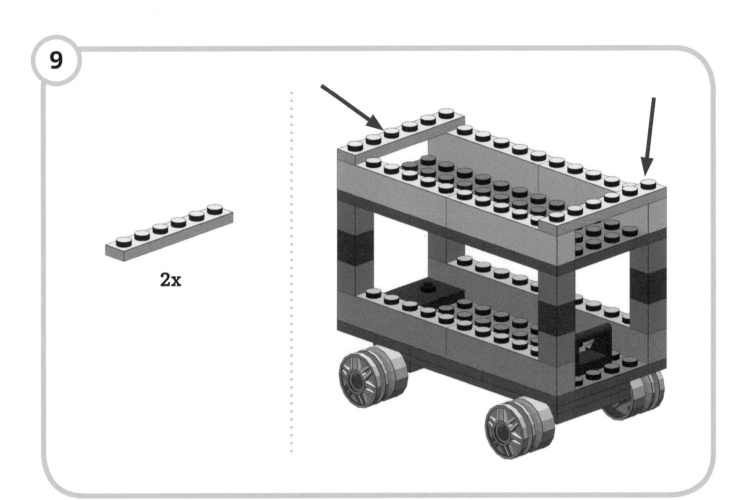

2x

10

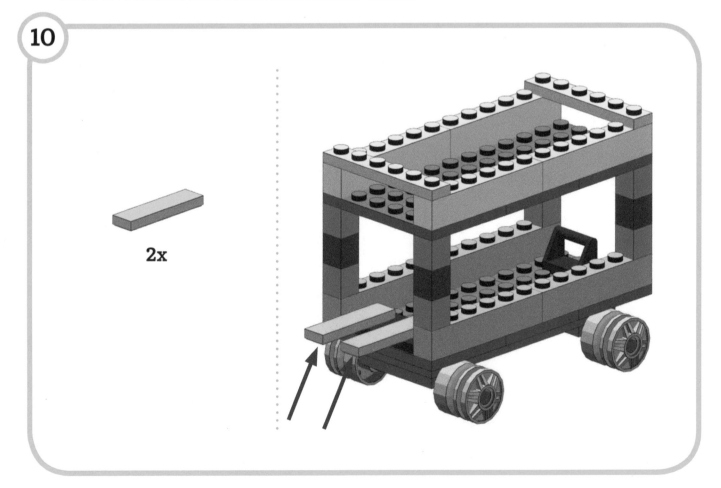

2x

Build the Pink Sports Car

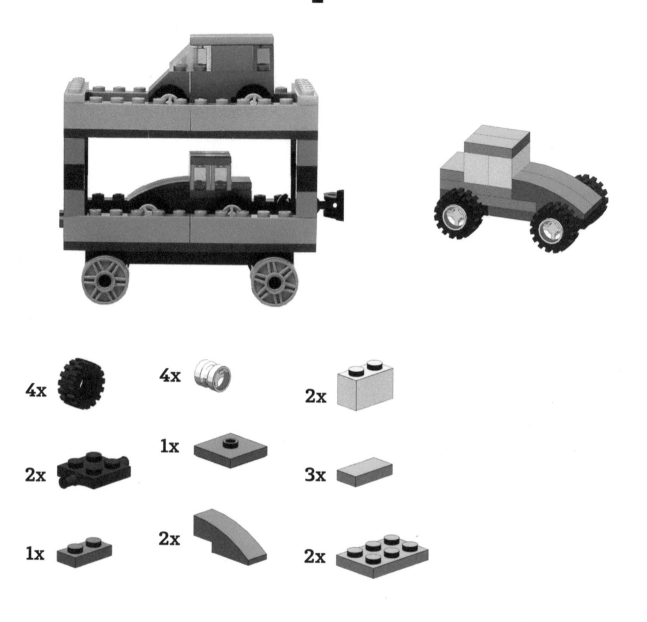

1

1x   1x

1x

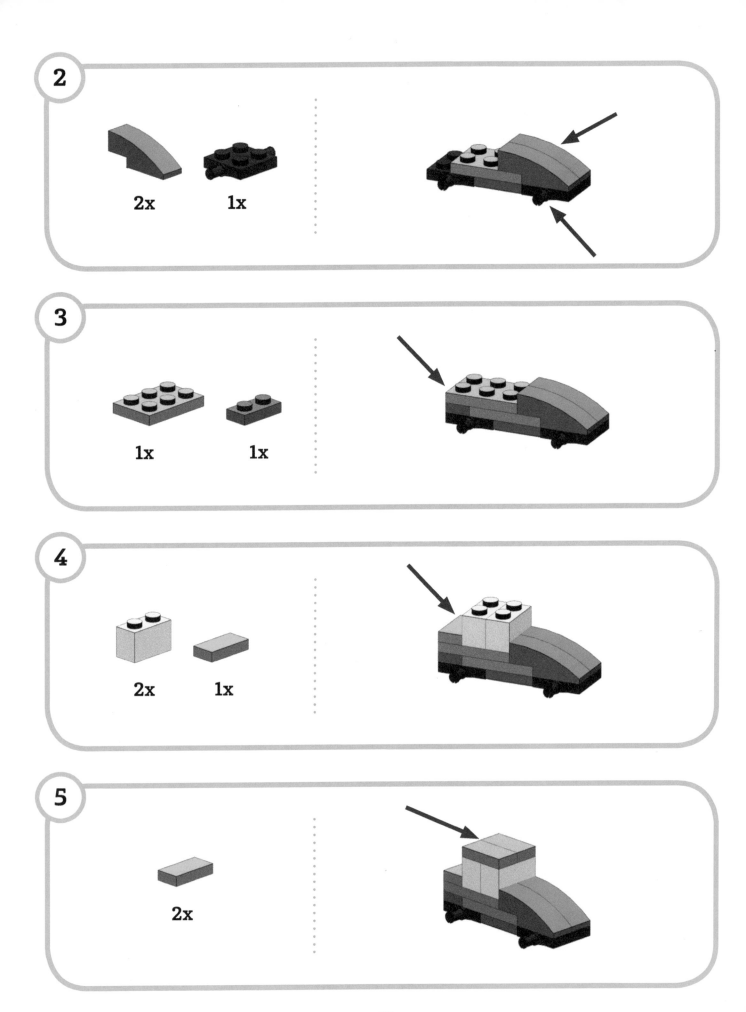

2

2x 1x

3

1x 1x

4

2x 1x

5

2x

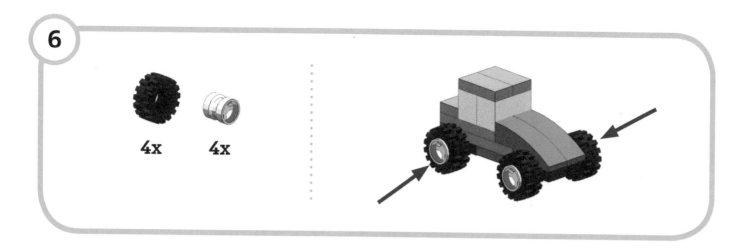

Build the Blue Van

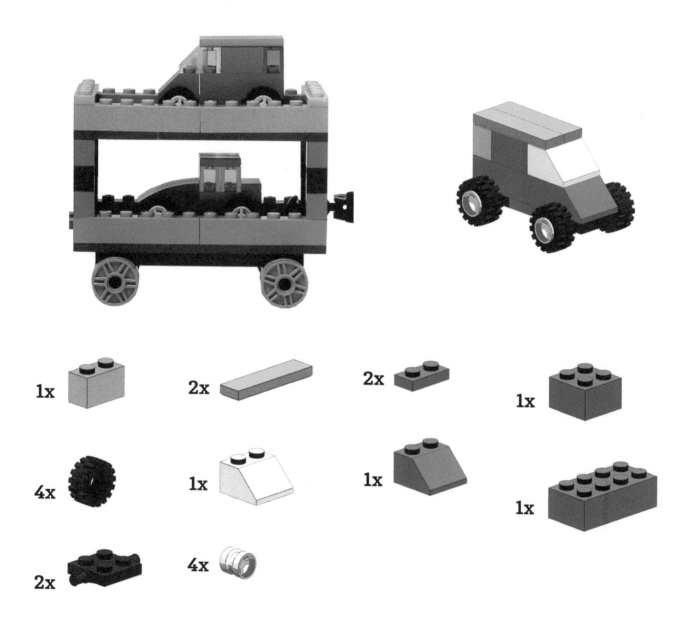

1x

2x

2x

1x

4x

1x

1x

1x

2x

4x

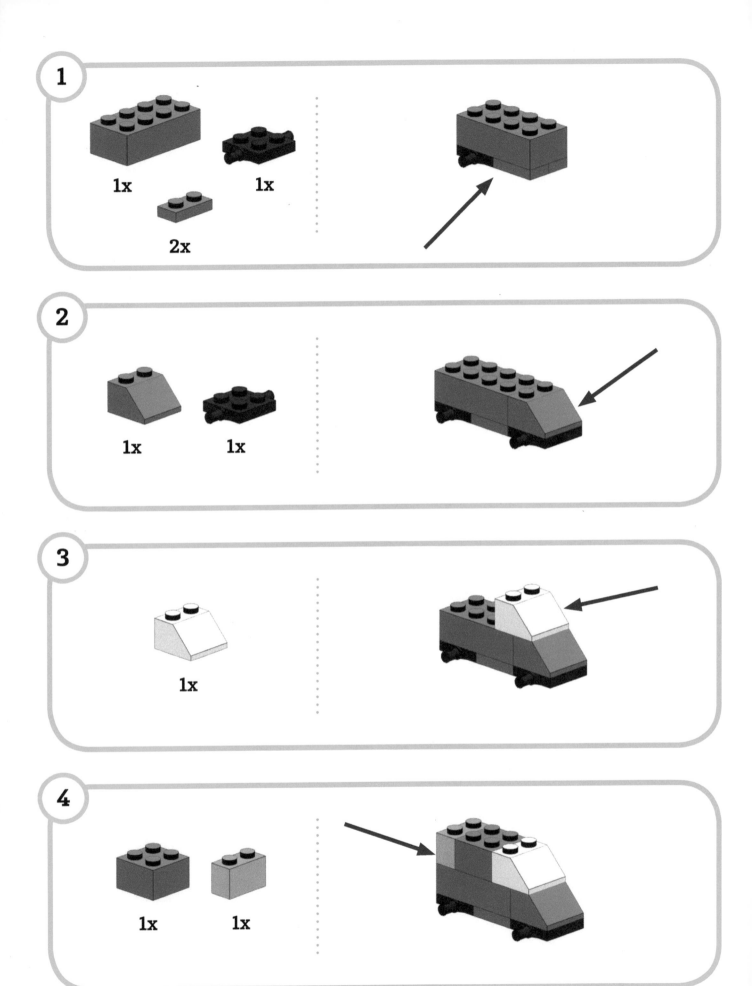

5

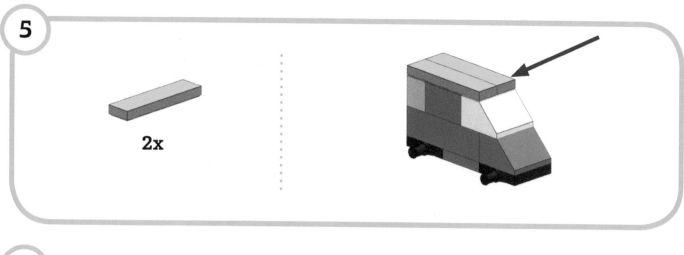

2x

6

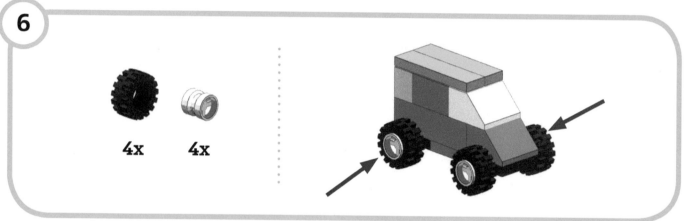

4x   4x

Build the Pink Blue Autorack

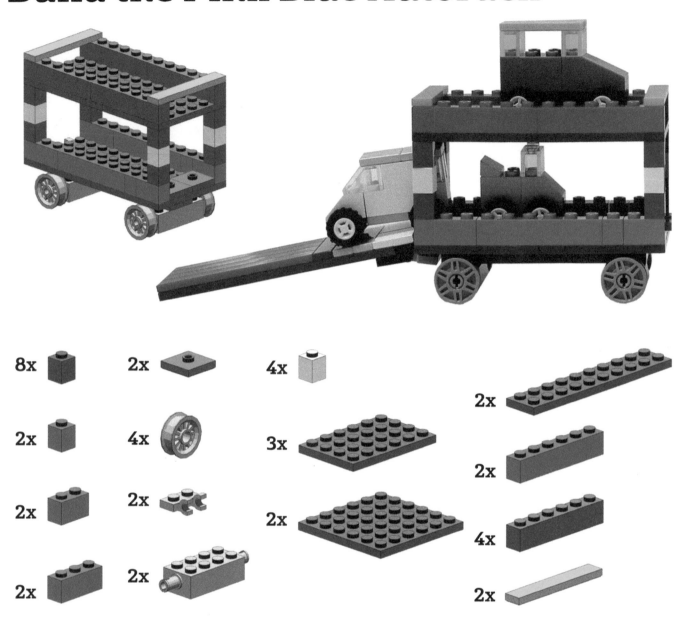

8x 2x 4x

2x

2x 4x

3x

2x 2x

2x

2x 2x

2x 2x

4x

2x

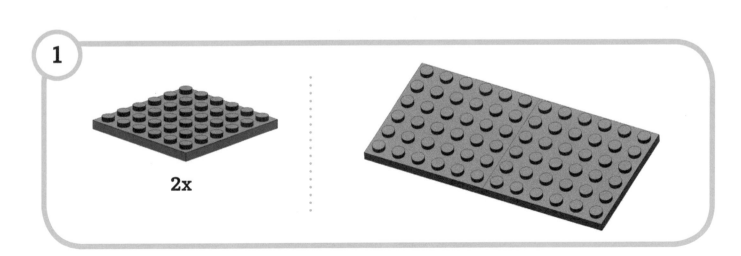

1

2x

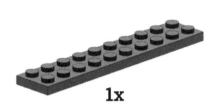

1x

2x

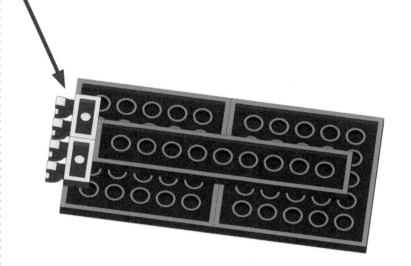

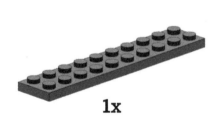

1x

4

2x   4x

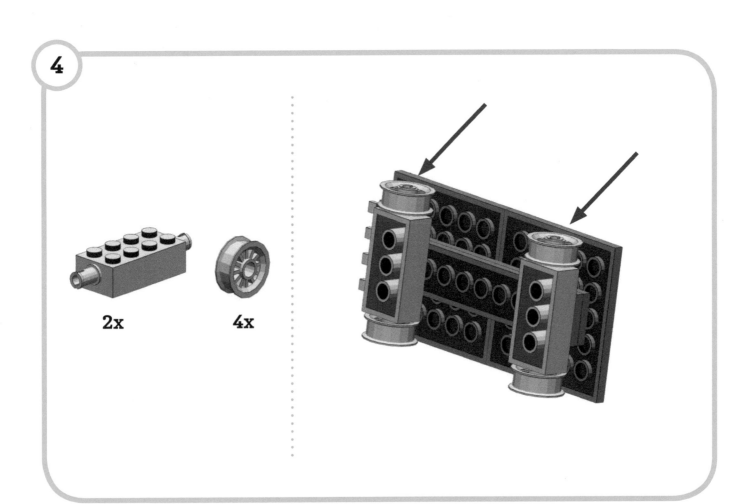

5

2x

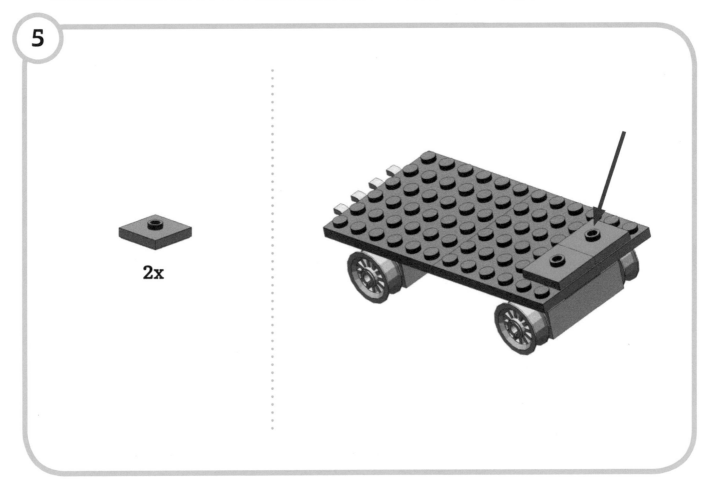

6

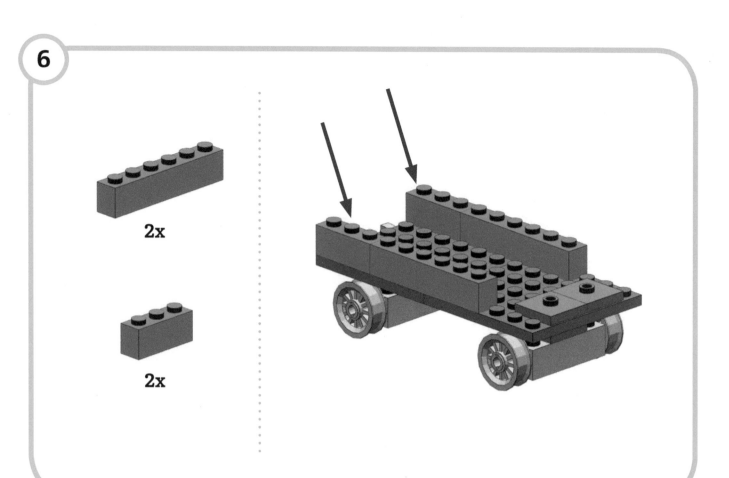

2x

2x

7

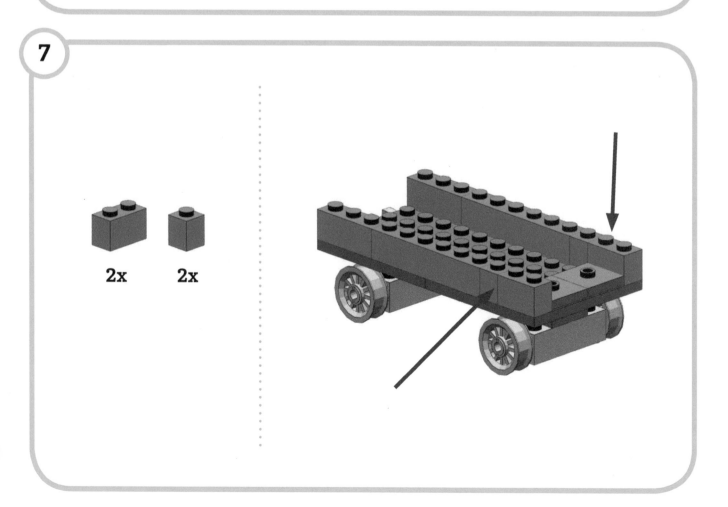

2x 2x

8

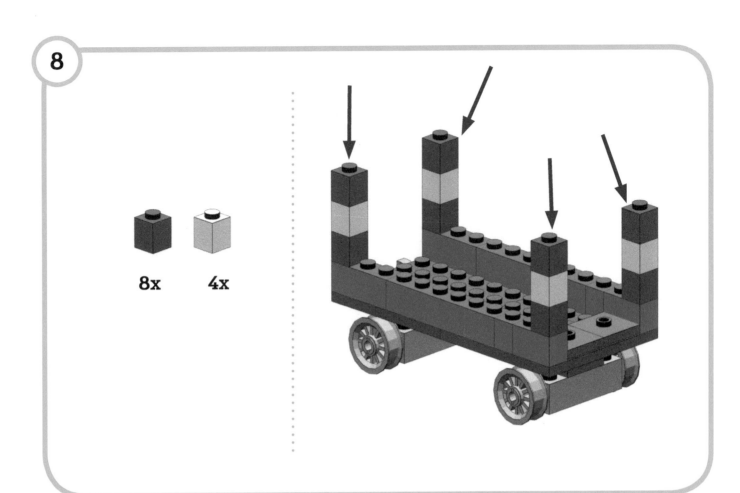

8x 4x

9

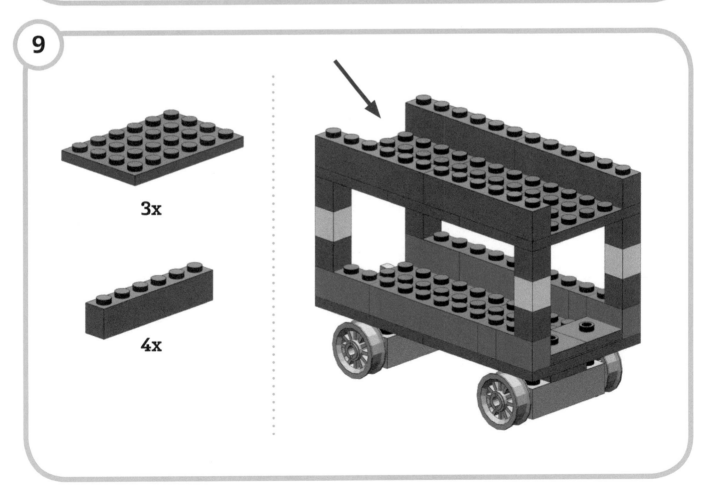

3x

4x

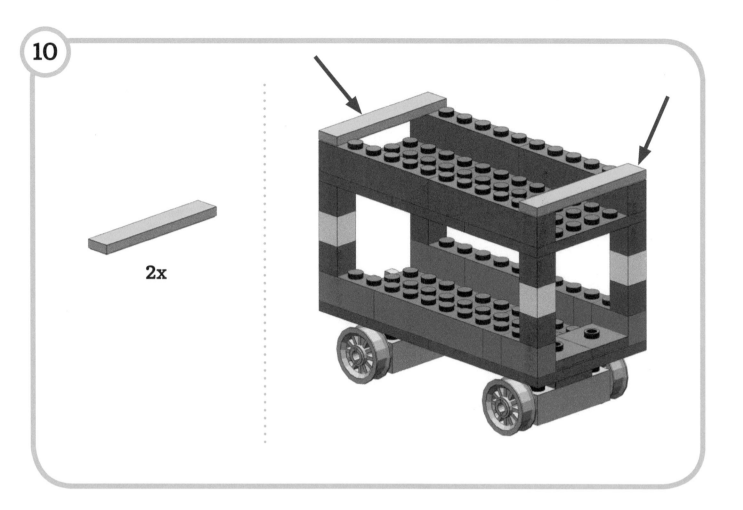

2x

Build the Yellow Car

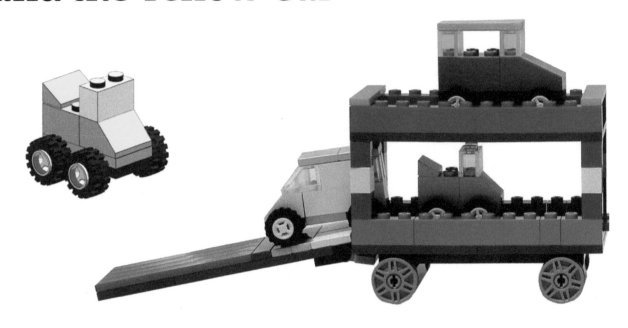

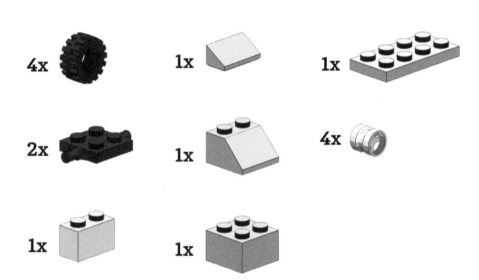

4x

1x

1x

2x

1x

4x

1x

1x

1

1x

2x

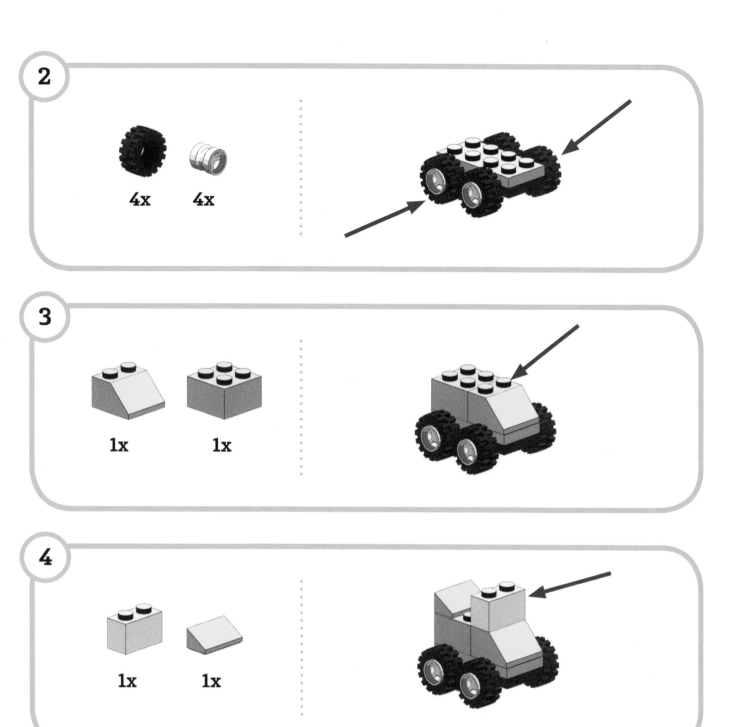

2

4x 4x

3

1x 1x

4

1x 1x

Build the Green SUV

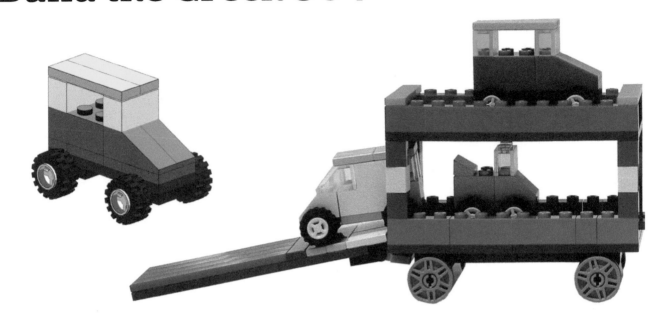

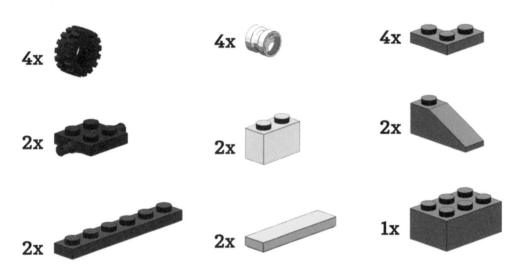

4x

4x

4x

2x

2x

2x

2x

2x

1x

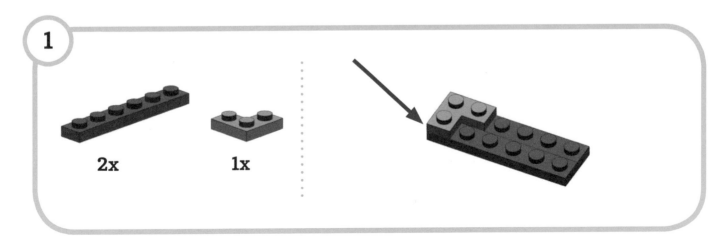

1

2x   1x

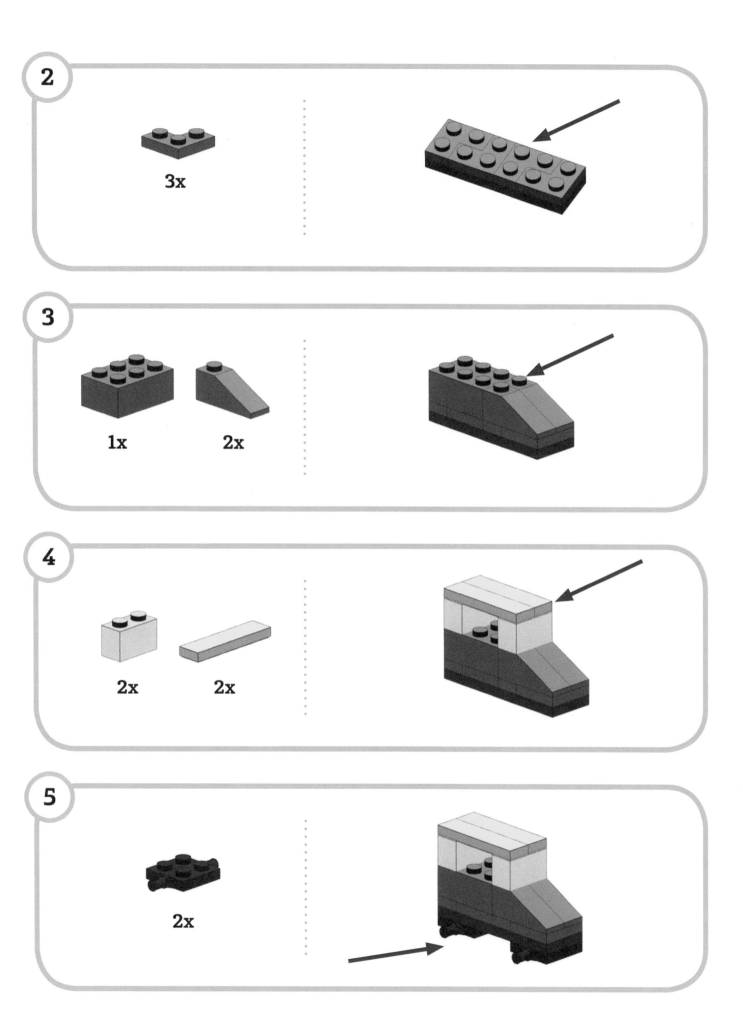

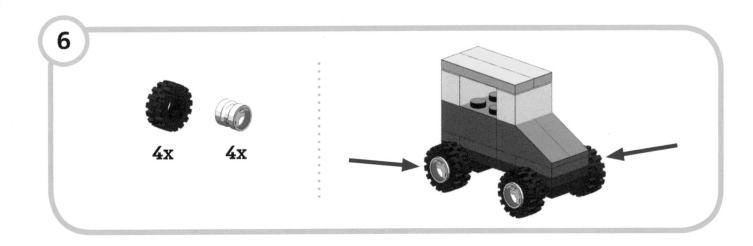

4x   4x

Build the White Van

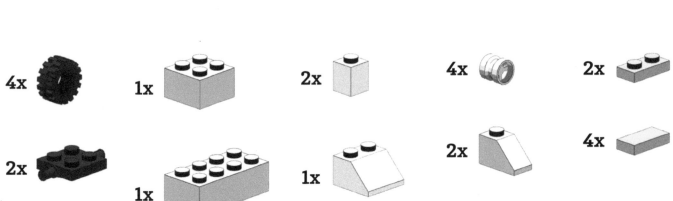

4x   1x   2x   4x   2x

2x   1x   1x   2x   4x

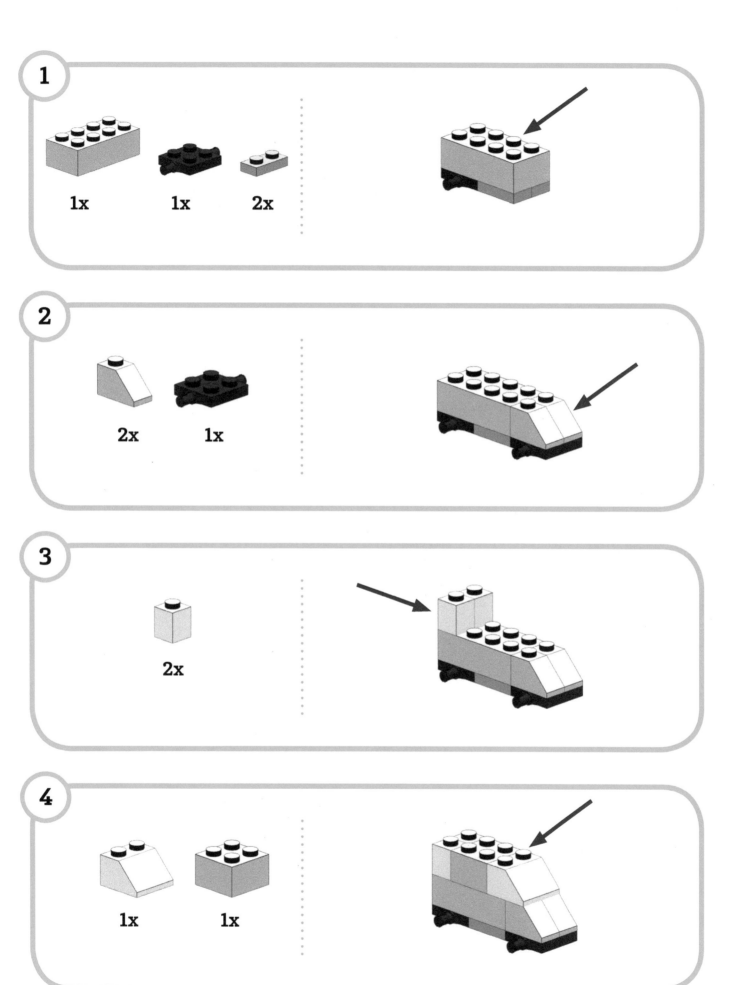

5

4x

6

4x   4x

Build the Ramp

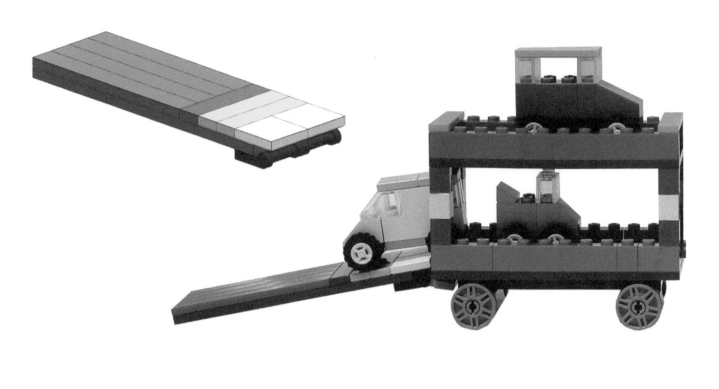

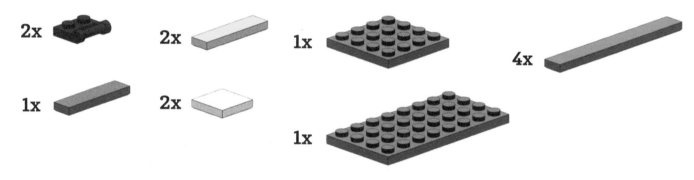

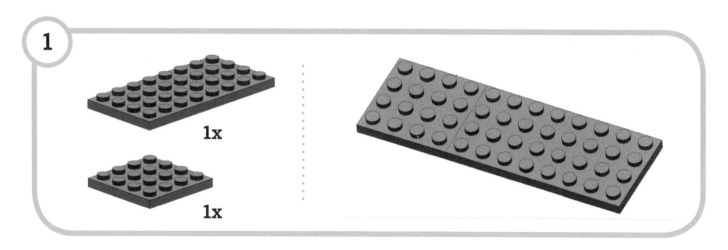

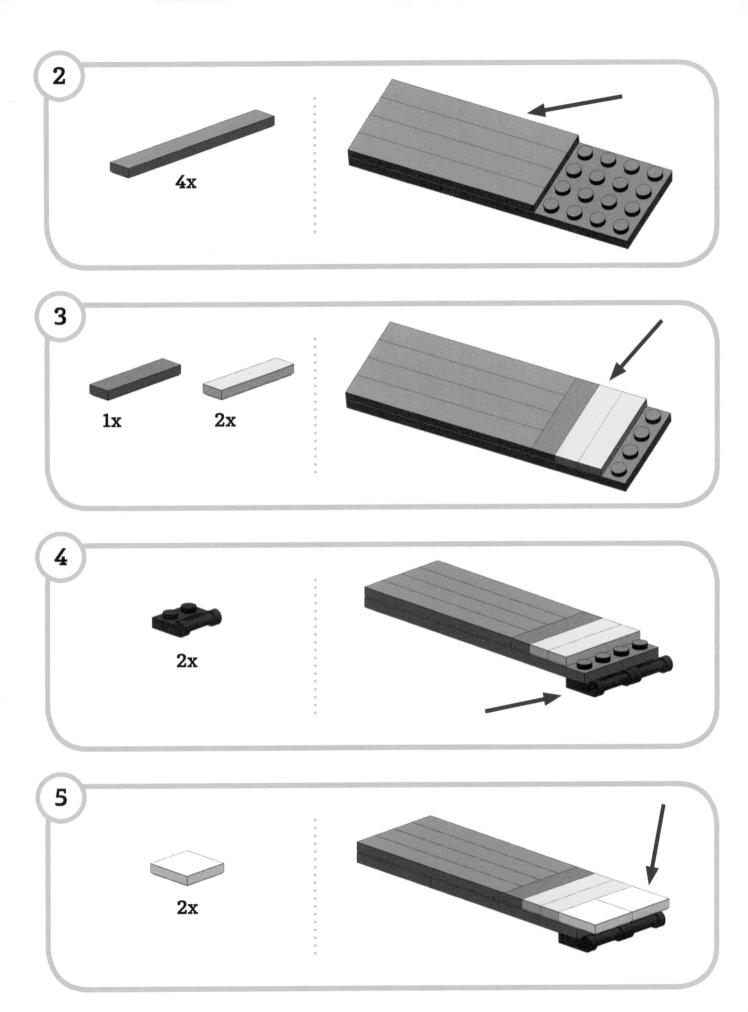

Library of Congress Control Number: 2017956818
ISBN: 9781513261133 (paperback) | 9781513261140 (hardbound) | 9781513261157 (e-book)

Graphic Arts Books

GRAPHIC ARTS
BOOKS®

GraphicArtsBooks.com

GRAPHIC ARTS BOOKS
Publishing Director: Jennifer Newens
Marketing Manager: Angela Zbornik
Editor: Olivia Ngai
Design & Production: Rachel Lopez Metzger

Proudly distributed by Ingram Publisher Services.

Printed in the U.S.A.

The following artists hold copyright to their images as indicated: Passenger Train, pages 6–7: KID_A/
Shutterstock.com; Bullet Train, pages 20–21: ActiveLines/Shutterstock.com; Freight Train, back cover, pages
34–35: intararit/Shutterstock.com; Autorack Train, front cover, pages 62–63: voloshin311/Shutterstock.com

The author thanks the LDraw community for the parts database it makes available, which is used for making
instructions found in the book. For more information on LDraw, please visit ldraw.org.

Make sure your Build It! library is complete

◯ Volume 1

◯ Volume 2

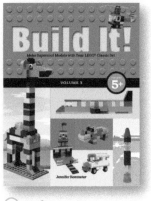
◯ Volume 3

◯ World Landmarks

◯ Things that Fly

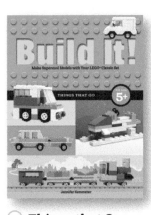
◯ Things that Go

◯ Things that Float

◯ Robots

◯ Farm Animals

◯ Dinosaurs

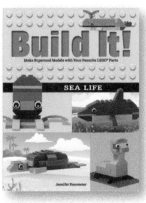
◯ Sea Life

Visit GraphicArtsBooks.com for more titles in the series